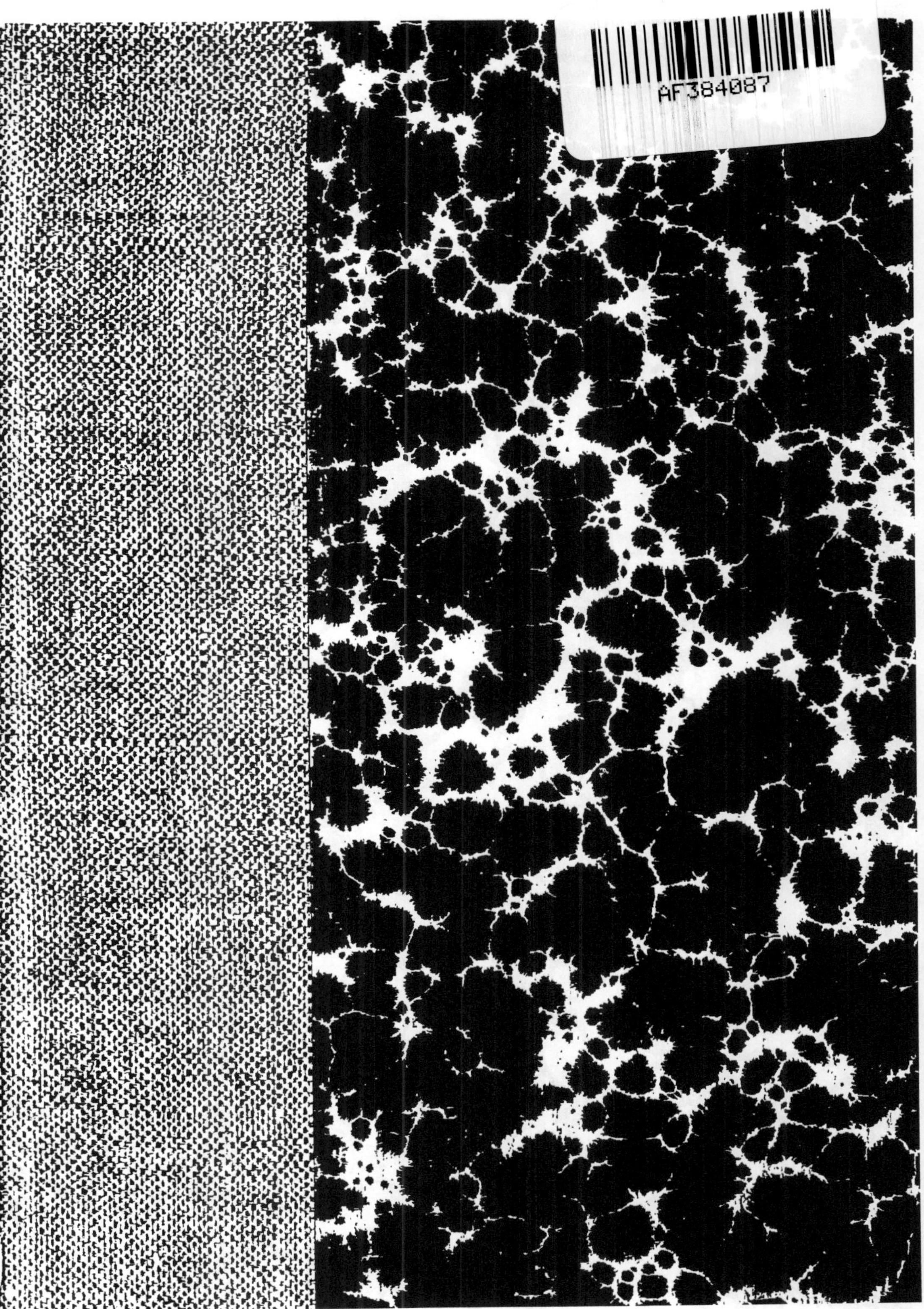
AF384087

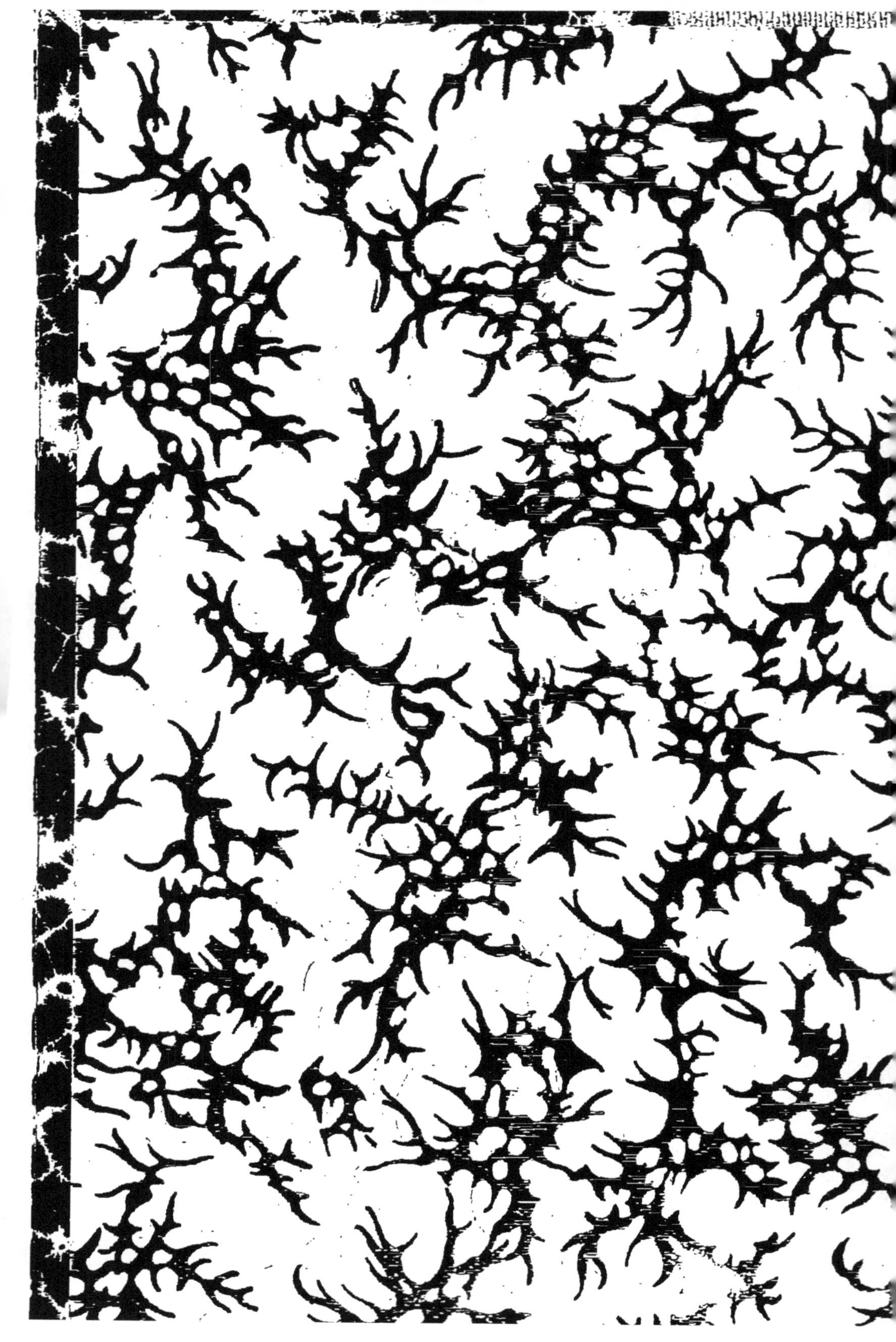

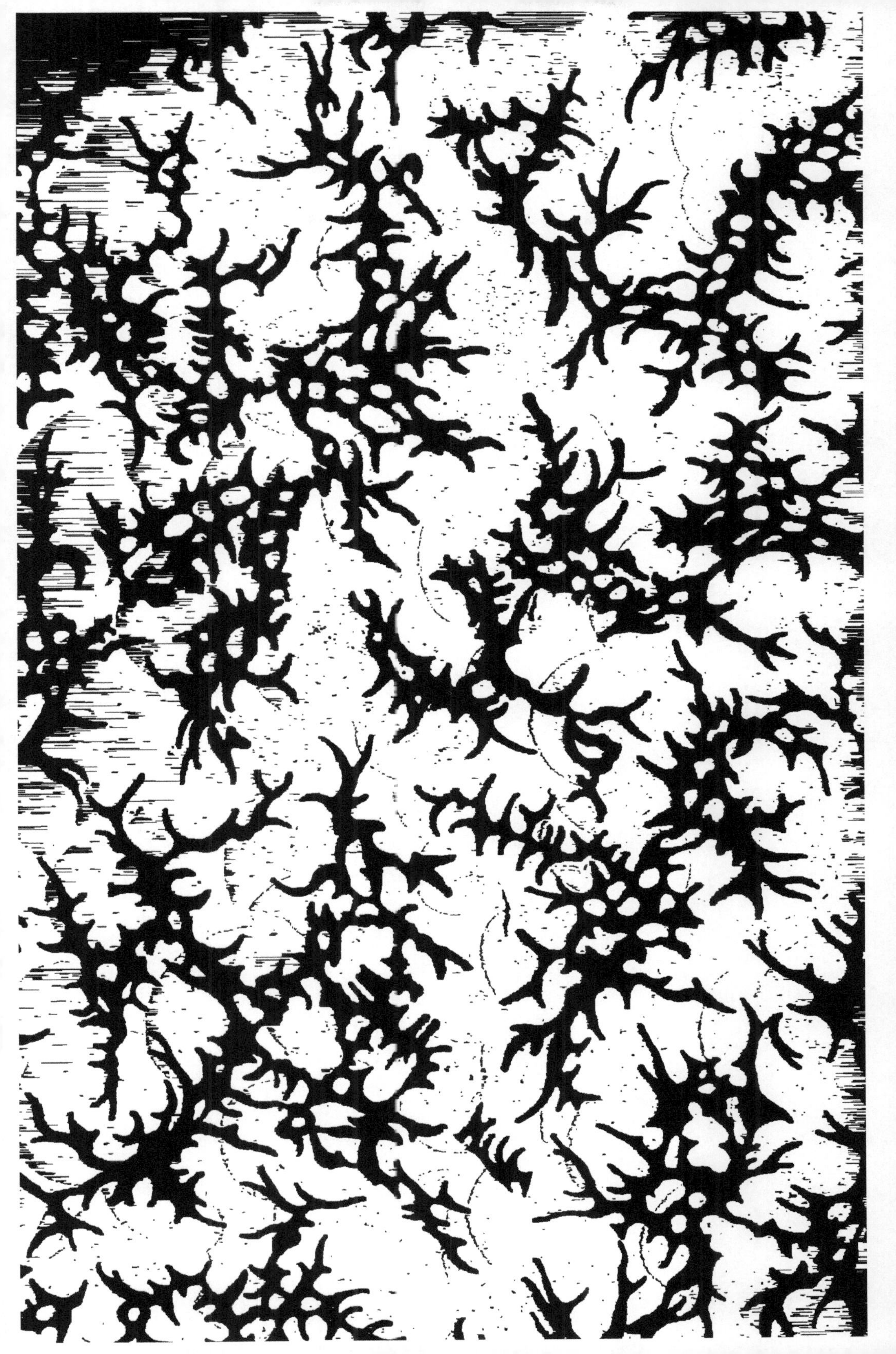

PIERRE MARGE

Le Tour de l'Espagne en automobile

ÉTUDE DE TOURISME

Ouvrage illustré de gravures dans le texte et hors texte
d'après des photographies de l'auteur

PARIS

LIBRAIRIE PLON

PLON-NOURRIT et Cⁱᵉ, IMPRIMEURS-ÉDITEURS

8, RUE GARANCIÈRE — 6ᵉ

1909

LE TOUR
DE L'ESPAGNE

en Automobile

PARIS TYP. PLON NOURRIT ET Cie, 8, RUE GARANCIÈRE. — 12599.

LA FORÊT DE PALMIERS D'ELCHE

PIERRE MARGE

LE TOUR
DE L'ESPAGNE
EN AUTOMOBILE

ÉTUDE DE TOURISME

*Ouvrage illustré de gravures dans le texte et hors texte
d'après des photographies de l'auteur*

PARIS
LIBRAIRIE PLON
PLON-NOURRIT et Cⁱᵉ, IMPRIMEURS-ÉDITEURS
8, RUE GARANCIÈRE — 6ᵉ

1909

*A mon ami Adrien Pondeveaux, au compa-
gnon de route, charmant et dévoué, ces lignes
sont dédiées.*

Pierre MARGE.

LE
TOUR DE L'ESPAGNE
EN AUTOMOBILE

Théophile Gautier, dans son *Voyage en Espagne,* a dit : « Il faut visiter les pays dans leur saison violente ; l'Espagne en été, la Russie en hiver. »

Si tel est l'avis de l'éminent écrivain, qui fit en effet son voyage en été, ce n'est certes pas celui de maints officieux qui, apprenant que je partais pour la vieille Ibérie au mois d'août, n'ont pas manqué de me dire :

— Mais vous êtes fou d'aller en Espagne en été ; sachez que la chaleur y est torride, insupportable.

— Qu'importe, nous nous vêtirons légèrement, ai-je répondu.

— Vous attraperez des insolations.

— Nous nous coifferons de larges panamas !

— Apprenez que dans ce pays les hôtels sont d'une saleté repoussante, vous serez dévorés par les petites bêtes.

— Nous emporterons de la poudre insecticide !

— Les chemins y sont affreux, vous casserez votre automobile, vous ne pourrez achever votre voyage.

— Les mauvaises routes me connaissent, mon auto ne se cassera pas et dussé-je aller doucement, je passerai partout et finirai parfaitement mon voyage, ai-je encore reparti de l'air le plus tranquille.

C'est incroyable ce qu'avant chaque départ pour un de mes longs voyages en automobile j'ai trouvé de gens — auxquels je ne demandais rien du tout — qui se sont chargés de me prédire mille difficultés. On dirait franchement que ceux qui restent aimeraient obliger à rester ceux qui partent.

Et chaque fois que je mettais ces conseilleurs obligeants au pied du mur, leur profonde science s'évanouissait subitement. L'un d'eux me disait :

— Dans le sud de l'Espagne vous ne pourrez pas passer, il n'y a point de routes et sur les rivières point de ponts.

Moi qui avais déjà, sur place même, pris tous mes renseignements, je répondis :

— Ah! bah! vous y êtes allé?

— Non, mais on m'a dit!......

Malgré les sinistres avis qui m'étaient donnés sur le sort qui nous attendait en Espagne, je n'en continuais pas moins à faire tous mes préparatifs et j'aspirais, avec une impatience fébrile, au moment de me jeter dans cet océan de dangers qui m'était si gracieusement promis. Je ne me dissimulais pas que c'était un voyage dur et difficile que nous allions entreprendre, mais cette difficulté sollicitait nos âmes ardentes de touristes; c'était du vrai sport que nous allions faire, et puis, quels beaux pays, quelles contrées curieuses nous attendaient!

Les renseignements minutieux que j'avais pris sur les lieux au moyen des correspondants que je possède dans la Péninsule, les détails abondants que j'avais obtenus du *Royal Automobile Club d'Espagne,* dont je tiens à louer ici la si courtoise obligeance, m'avaient démontré qu'en été seulement on peut parcourir la totalité des routes espagnoles. Enfin je suis de l'avis de Théophile Gautier : on doit voir le pays au moment où toutes leurs caractéristiques se trouvent réunies; la chaleur en est une de l'Espagne, si je ne m'abuse. L'Espagne sans chaleur n'est plus l'Espagne. Donc je choisis le mois d'août à dessein.

Inutile de dire que je fis mes préparatifs avec des précautions infinies. Je décidai de partir sur ma 100 chevaux « La Buire » afin d'avoir toujours quelques bons chevaux de réserve dans les endroits difficiles. J'emportais un arsenal de pièces de rechange, un magasin d'approvisionnements divers, une colline de carbure, une fondrière de graisse, un lac d'huile. Un garde-manger bien garni était capable d'assurer nos estomacs contre tous les risques de jeûne pendant au moins vingt repas... on ne sait jamais où l'on sera obligé de faire étape et je me rappelais certaine nuit passée jadis sans dîner au sommet du Vélébit en Dalmatie! Enfin une véritable bibliothèque, contenant guides, cartes et plans, devait suppléer aux indications qui pouvaient être absentes sur les routes espagnoles.

Dimanche, 11 août 1907.

Une claire fanfare me réveille et le soleil non moins clair me tire de mon lit.

Nous étions arrivés la veille au soir dans cette cité de Montpellier, toute gaie et si vibrante...

Les fenêtres de nos chambres donnent sur le quartier général; c'est une sonnerie de clairons qui m'a réveillé. En m'habillant je vois le général

Bailloud sortir du quartier pour aller faire une promenade à cheval : le Midi est calme maintenant et le commandant du corps d'armée qui avait, hier encore, à réprimer l'émeute menaçante, peut à présent prendre quelque repos.

Bien' qu'il ne soit encore que 7 heures du matin, le soleil darde des rayons dignes d'éclairer les tropiques. Il va faire joliment chaud aujourd'hui; tant mieux, notre entraînement n'en sera que plus complet pour supporter les chaleurs d'Espagne qu'on m'a annoncées. Diable! Mais nous n'y sommes pas encore en Espagne. Et si, à mesure que nous descendrons dans le Sud, le thermomètre monte d'une manière tant soit peu proportionnelle, nous serons très certainement rôtis à point avant d'arriver à Tarifa.

A 8 heures trois quarts nous quittons Montpellier par une excellente route. Il y a quelques années j'étais venu par ici et je me souviens d'une déplorable voirie; il y a donc grand progrès, tant mieux!

La mer bientôt apparaît au loin sur la gauche, son bleu foncé tranche vigoureusement sur l'azur légèrement embrumé du ciel déjà surchauffé. La route est bordée de grands arbres, platanes et ormes dont l'ombrage nous sert à propos et sous lesquels règne une opportune fraîcheur. Mes compagnons de bord me félicitent d'avoir fait planter là ces bienheureux végétaux. Ils me demandent si j'ai fait planter aussi des arbres au bord des routes d'Espagne!...

Pézenas est traversée sans arrêt; cette cité ne se signale guère à l'attention du public que parce qu'elle a l'honneur d'être la patrie de tous les commis voyageurs en vins.

La campagne est peu accidentée, à peine quelques ondulations et ce ne sont que vignobles à droite, à gauche, en avant, en arrière. La plante de Noé règne en souveraine absolue ici; tant que l'œil peut voir, il ne distingue que les flots verts d'une mer de vignes.

Béziers est une ville animée, gaie et toute blanche qui, vivant de la vigne, surgit tout à coup au milieu des pampres. Du côté sud la ville s'étage sur une colline couronnée par son antique cathédrale, l'effet est très pittoresque.

Un peu après Béziers on traverse le canal du Midi, qui depuis des années ronge son ambition de faire communiquer un océan avec une mer et qui, en attendant de porter des cuirassés, porte des quantités de barques chargées de tonneaux.

Narbonne : à midi, l'auto s'arrête devant l'hôtel de la Dorade, où nous allons déjeuner. Narbonne! Marcellin Albert, le docteur Ferroul,

que faites-vous maintenant? Il y a un mois seulement que se déroulait ici la sanglante épopée de la
Vigne en révolte. A voir cette cité si calme, cette
ville à l'air mort, ces habitants tranquilles, on ne
dirait pas qu'hier le sang coulait dans les rues et
qu'un formidable soulèvement des vignerons faill-
lit renverser le gouvernement de la République !

La tête pleine de ces souvenirs, nous nous
mîmes à table. Je ne sais si ces idées tragiques
nous coupaient l'appétit ou si réellement la cuisine
de l'hôtel de la Dorade était détestable, mais très
véridiquement nous fîmes un bien piètre repas.

Après déjeuner, nous constatons avec terreur
que le soleil chauffe de plus en plus; ce ne sont
plus des rayons, mais bien des jets de plomb
fondu que cet astre cruel verse sans discontinuer
sur nos malheureuses têtes. En route cependant,
et cherchons dans le mouvement de l'auto l'air
qui manque totalement ici !

On passe non loin de *la Nouvelle*, le port de
Narbonne. On sait que Narbonne, au temps des
Romains, capitale de la Gaule narbonnaise, était
aussi l'un des principaux ports de la Méditerranée; au quatorzième siècle, son port s'étant
ensablé, la ville perdit sa qualité maritime.
Depuis, elle a cherché, par la création de ce nouveau port, à ressaisir quelques bribes de sa pros-

périté d'autrefois, mais hélas! sans y parvenir.

A gauche la mer, les étangs.

Au loin une vapeur légère, une imprécise ligne bleuâtre qui se dessine et se fixe peu à peu à mesure qu'on avance : ce sont les *Pyrénées*.

La terre est rouge, les maisons sont rouges, les chèvres, d'une espèce particulière, sont rouges, les chiens, les chats, rouges. Tout est rouge ici, sauf la route qui est diablement blanche!

Perpignan, que nous effleurons seulement, nous apparaît assez insignifiante. La vieille ville, située au bord de la *Têt,* a cependant un certain air pittoresque. Elle est entourée de grands ombrages sous lesquels les indigènes viennent narguer l'irritant soleil de leur pays.

Puis une route étroite et détestablement entretenue nous rapproche de plus en plus des Pyrénées; les vastes plaines de ce matin ont fait place aux collines et aux ondulations qui font pressentir les hautes montagnes dans lesquelles nous allons entrer tout à l'heure. La monotonie est maintenant remplacée par l'intérêt qu'on rencontre toujours dans les pays montagneux.

A partir de *Prades,* on sent qu'il y a quelque chose de changé dans les mœurs et dans les gens; les habits, les types, ne sont plus ceux que nous avons l'habitude de voir, on dirait que nous voyons un nouveau peuple; c'est l'Espagne qui se rapproche et ces types inconnus doivent avoir quelque chose d'espagnol!

Villefranche-de-Conflent est un vrai spécimen de petite ville du moyen âge avec ses triples murailles très bien conservées, ses étroites maisons, ses tours, son château; assise au fond d'une gorge étranglée, où coule la Têt, elle forme un spectacle extrêmement curieux.

A partir d'ici nous sommes en pleines montagnes, au milieu des Pyrénées. La vallée va se resserrant à mesure que s'élève la route aux flancs des monts; parfois on a des échappées sur les hauts sommets des Pyrénées; c'est ainsi que subitement on voit apparaître et disparaître le *Canigou* majestueux. La grande chaleur de tantôt a disparu et maintenant la brise fraîche des sommets nous caresse délicieusement.

Montlouis, qui fut capitale de l'ancienne *Cerdagne française,* est une insignifiante petite ville malgré la haute situation qu'elle prétend occuper parce qu'elle est à 1 610 mètres d'altitude! Elle est dominée par sa forteresse, sans grande valeur stratégique.

On passe ensuite dans un endroit qui s'appelle le *col de la Perche* (1 577 mètres) on ne sait trop pourquoi car il ne ressemble en rien à un col. Mais on est ici sur les hauts plateaux, la vue peut maintenant s'étendre au loin et l'on aperçoit admirablement la chaîne des Pyrénées.

Bourg-Madame (1) est le dernier village français. C'est ici que sont les douanes, française en deçà du pont sur *la Raour,* espagnole après le pont. Nous comptions coucher à Puycerda ; impossible, la douane espagnole est déjà fermée. Nous nous répandons dans l'unique hôtel de Bourg-Madame, l'*hôtel Salvat,* qui est d'une simplicité que je qualifierai de patriarcale, parce que ce qui y fut mis à notre disposition, chambres et nourriture, était dans un état de perfectionnement qu'on ne pourrait retrouver qu'en remontant jusqu'aux anciens peuples pasteurs.

Lundi, 12 août.

De l'autre côté de la frontière, tout près, *Puycerda* dresse sa silhouette escarpée d'ancienne

---

(1) MONTPELLIER — BOURG-MADAME : 263 kilomètres. — J'indique les distances kilométriques étape par étape. Les chiffres que je publie sont rigoureusement exacts : ils ont été contrôlés jour par jour au moyen d'un compteur kilométrique vérifié lui-même très souvent. Les distances sont comptées du centre de la ville de départ au centre de la ville d'arrivée pour plus d'exactitude. En Espagne ce contrôle présentera un très réel intérêt, car les cartes de ce pays sont souvent erronées.

ville fortifiée. C'est la capitale de la *Cerdagne espagnole.*

Les formalités douanières pour l'entrée provisoire des automobiles en Espagne sont ce que je connais de plus long, de plus compliqué et de plus exaspérant. D'abord le bureau du receveur n'ouvre qu'à partir de 9 heures le matin (à l'heure espagnole, en retard d'environ vingt minutes sur l'heure française) et s'empresse de se fermer à midi ; il est vrai qu'en revanche, le soir, il rouvre à 3 heures et reste généreusement ouvert jusqu'à 5 heures et demie. Vous voyez combien le pauvre touriste doit faire un calcul de justesse pour viser et traverser la frontière juste pendant les courts instants durant lesquels elle se trouve ouverte.

Ignorant ces détails, nous avions, par suite d'un effort tout à fait inaccoutumé, quitté nos lits depuis 6 heures du matin, car nous aurions voulu arriver pour déjeuner à Barcelone ; ce fut donc sans peine et avec une ponctualité digne du meilleur chronomètre, qu'à 9 heures précises nous arrêtâmes l'auto devant le bureau du receveur ; mais nous ignorions encore autre chose, c'est que, si l'heure espagnole retarde sur l'heure française, les fonctionnaires espagnols retardent d'au moins autant sur l'heure espagnole. Oh! nous n'étions pas au bout de nos surprises et notre éducation de voyageurs en Espagne avait encore grandement à apprendre pour être parfaite. A 9 heures et demie, le receveur arriva d'un pas mesuré et digne, comme il sied à la fierté espagnole : il daigna ouvrir immédiatement son guichet.

Les formalités commencèrent, elles durèrent une heure !

Savez-vous combien j'ai dû consigner entre les mains de ces douaniers voraces? *Deux mille trente francs et soixante et dix centimes;* la voiture fut taxée pour dix-sept cent cinquante francs et le surplus servit de caution pour les pneus de rechange à raison de trois francs soixante-quinze centimes le kilogramme. Tout habitué que je suis aux énormités des douanes de tous les pays, j'avoue que je fus alors quelque peu estomaqué devant un pareil chiffre.

Il fallut bien payer, et à 10 heures et demie, nous quittions Puycerda, libres de porter nos humanités où bon nous semblerait dans ce curieux pays d'Espagne, dont nous avions franchi, enfin, toutes les barrières.

Eh bien ! pas du tout, d'autres barrières devaient s'élever devant nous; à peine avions-nous commencé à monter sur la croupe des Pyrénées, que soudain un écriteau portant ce simple mot

Obstaculo et quelques mètres après une chaîne tendue en travers de la route nous obligent à stopper encore; moyennant six pesetas remises à un gardien hargneux qui nous remit généreusement un reçu et qui nous expliqua que cette somme était destinée à l'entretien de la route, nous eûmes la joie de voir s'abaisser l'*obstaculo*.

La route, de création récente, monte en nombreux virages et pendant plus de 20 kilomètres, jusqu'au *col de Tosas* (1 800 mètres), d'où l'on a une ravissante vue sur cette partie des Pyrénées. Sur le versant qui regarde la France, les grands bois de sapins, les prairies, les ruisseaux donnent au paysage une douceur infinie; du côté espagnol, l'aspect est triste et sauvage, les flancs des montagnes sont abrupts et dénudés, d'énormes blocs de rochers détachés des crêtes encombrent les lits des torrents à peu près à sec.

Le col passé, on est définitivement en Espagne, on descend en longs lacets vers la *Catalogne*. La route est assez bonne, son seul défaut est d'être très poussiéreuse.

Ribas, où nous arrivons à midi pour déjeuner. La *Posada Rotlat* est une petite auberge très propre, mais la chère y est espagnole, c'est-à-dire maigre et peu soignée; on nous y servit un vin noir, épais à couper au couteau et acétique, qui eût été mieux à sa place dans la salade; il est vrai que dans celle-ci il y avait du vinaigre qui eût fort bien pu passer pour du vin! On nous apporta aussi un certain saucisson noir et dur, fait avec je ne sais quelles choses innommables, sur lequel s'émoussèrent mes dents et mon appétit. Mais les fruits, surtout les raisins d'Espagne, oh! combien excellents!

Après cette ville, la route devient mauvaise, cahoteuse et très poussiéreuse; le chemin de fer n'arrive encore que jusqu'à Ripoll et de Ribas à Ripoll, l'important charroi de cette région minière et agricole se fait par la route qu'il défonce déplorablement. J'ai eu toutes les peines du monde pour dépasser une antique diligence attelée de sept mules dont la vive allure soulevait plus de poussière qu'en France dix autos.

Voici maintenant *Ripoll*, point terminus actuel d'un chemin de fer venant de Barcelone; aussi après, la route redevient bonne. Le paysage, toujours très grandiose, va s'abaissant progressivement.

Jusqu'ici mules, mulets, chevaux et bourricots sont d'une humeur charmante : pas ombrageux du tout, ils regardent sans crainte passer l'auto; est-ce que cela durera?

Curieux constraste : hier soir, en France, les

maisons et les gens sentaient l'Espagne; aujour-d'hui, en Espagne, tout a l'air français; il est vrai que nous sommes en Catalogne et que les Catalans sont pour le moins autant français qu'espagnols.

Vich nous apparaît au commencement de la grande plaine qui précède la mer; c'est une petite ville d'une dizaine de mille habitants, sans grand intérêt en dehors d'un beau cloître gothique et d'une bibliothèque capitulaire riche en nombreux manuscrits.

Une route passablement cahoteuse court à travers la plaine sans souci des rivières qui n'ont pas de ponts. Nous dûmes ainsi passer quatre gués ; il est vrai que ces rivières n'avaient point d'eau non plus. La route cesse totalement au bord des gués et l'on se fraye comme on peut un passage au milieu du sable et des cailloux.

Pendant les 7 à 8 derniers kilomètres avant Barcelone, la route n'est plus une route, c'est une poêle à marrons; les trous et les ornières, les bosses et les cailloux occupent la totalité du sol sur lequel on ne trouverait pas la plus petite partie plate; malgré l'allure extrêmement réduite à laquelle nous marchons, la voiture saute et cahote et mes passagers de l'arrière dansent une sarabande échevelée. Avec cela une poussière intense que nous soulevons en nuages compacts semble vouloir compléter l'apothéose de notre entrée dans la capitale de la Catalogne.

Après avoir traversé des faubourgs sales, four-millants de marmaille, nous entrons dans une ville qui a extrêmement grand air. Une suite de larges places et de beaux boulevards bordés de riches maisons nous amènent à la *Plaza Cataluña* où se trouve l'hôtel que nous avons choisi. Il était exactement 6 heures du soir lorsque nous descen-dîmes de voiture et que nos talons frappèrent pour la première fois les pavés de *Barcelone* (1).

L'*Hotel Gran Continental* où nous descen-dîmes est dans une des meilleures situations, au centre de la ville, sur la grande et belle place de Catalogne et à l'angle de la *Rambla;* cet hôtel est luxueux et cher, mais d'une propreté douteuse.

Après une complète toilette et des ablutions répétées pour nous débarrasser de la poussière et nous rafraîchir, nous allâmes faire un copieux dîner à *la Maison Dorée,* établissement très chic de la plaza Cataluña, où l'on mange d'excellente

---

(1) Bourg-Madame — Barcelone : 168 kilomètres. — *Route :* assez bonne dans les Pyrénées jusqu'à Ribas. Très mauvaise de Ribas à Ripoll. Excellente de Ripoll à Vich. Médiocre après Vich et horrible pendant les 8 derniers kilo-mètres avant Barcelone.

cuisine française, puis nous voilà prenant possession de Barcelone par une première reconnaissance pédestre autant que digestive.

Barcelone, c'est Marseille, c'est Gênes, mais en plus beau, plus vaste, plus grandiose. Cette ville a énormément grand air, ses rues sont belles, ses magasins sont luxueux, ses places immenses et abondamment plantées de palmiers et de gros platanes, elles sont animées et gaies. Je suis enthousiasmé par Barcelone! Les tramways, très nombreux, sont élégants et commodes, ils filent rapidement et sont toujours pleins. Les voitures de place sont propres et très bien attelées. Enfin il y a déjà une ligne d'autobus, qui grimpent les boulevards comme des météores.

Mais ici nulle couleur locale : Barcelone est une ville absolument moderne qui ne change pas l'habitué de Paris ou de Lyon. N'étaient la langue espagnole et surtout le catalan qui résonnent à nos oreilles inhabituées, nous nous croirions encore en France, tellement est française l'allure générale de cette belle ville et de ses habitants.

Mardi, 13 août.

Barcelone est entièrement traversée par une succession rectiligne de beaux boulevards qui s'appellent tous *Rambla,* de leur nom de famille, mais dont le prénom change presque tous les 100 mètres. La Rambla prend sur les quais du port, devant le monument de Christophe Collomb, traverse toute la vieille vilie, passe sur la plaza Cataluña et va se perdre dans la banlieue. La Rambla, comme son nom l'indique, paraît-il, en espagnol, serait l'ancien lit d'un torrent desséché qu'on aurait comblé et dont on aurait fait la jolie artère actuelle. C'est là que se concentre le principal de l'animation de la grande ville, c'est de là que partent les rues aux beaux magasins, c'est sous ses grands arbres qu'une foule toujours renouvelée va se préserver des ardeurs du soleil catalan, c'est sur la Rambla que journellement se tient cet interminable marché aux fleurs dans lequel les promeneurs circulent au milieu des parfums.

Des boulevards, larges et bien tracés, entourent toute l'ancienne ville; ils ont aussi un nom générique et un nom propre; leur nom générique est *Ronda,* terme qui rappelle celui des Ring de Vienne et qui, en effet, sert à désigner un même objet. Les Rondas de Barcelone sont, comme les Ring de Vienne, les anciens fossés d'enceinte comblés et transformés en boulevards lorsque la ville, en plein développement, se trouva trop à l'étroit dans ses anciennes limites.

La *Cathédrale* est un bel édifice gothique; malheureusement tous les siècles contribuèrent à sa construction, en sorte que l'édifice est un mélange un peu trop disparate de genres et de styles. L'effet produit n'en est pas moins grandiose et impressionnant; en résumé, la cathédrale de Barcelone est un des beaux monuments catholiques de l'Espagne, pays où les catholiques ont construit beaucoup, souvent très grand, mais rarement beau. Elle est accompagnée d'un cloître du plus pur gothique de toute beauté.

Nous avons fait une agréable promenade dans les *Parque y Jardines de la Ciudadela,* vastes jardins publics très ombragés qui renferment une intéressante collection d'animaux sauvages; et nous sommes revenus en passant le long des quais du port. Le *Port* de Barcelone est vaste et commode, sa superficie est supérieure à celle du port de Marseille et presque égale à celle de Gênes; il y règne toujours une très intense animation produite par la foule de navires qui viennent y apporter leur tonnage.

A 4 heures du soir l'auto était amenée devant l'hôtel et nous quittions Barcelonne. La route, dès la sortie de la ville, est fabuleuse, invraisemblable, jamais je n'avais rien vu de pareil : c'est une succession ininterrompue de trous noyés par la poussière dans lesquels l'auto plonge en aveugle, saute et s'agite comme un navire balancé par les lames furieuses au milieu de la tempête. A moins de vouloir rompre le châssis, on est obligé d'avancer à une allure que ne désavouerait aucune tortue; de la première vitesse ralentie au maximum, et malgré cela des débrayages et des coups de freins à chaque pas. Enfin nous avançons tellement doucement que de temps en temps j'éprouve l'horrible mortification de me voir dépasser par des attelages de mules : pour une 100 chevaux, c'est vraiment déplorable! Est-ce que les conseilleurs obligeants auraient eu, pour une fois, raison? J'enrage! Enfin, nous verrons bien.

L'épouvantable chemin dure ainsi pendant environ 20 kilomètres, jusqu'au delà de *Molins de Rey*, et je contaste qu'il nous fallu 2 heures pour faire ce trajet, soit une moyenne de 10 kilomètres à l'heure.

Puis, subitement, la route se fait bonne, excellente même par endroits et restera telle jusqu'à Tarragone.

On est assez éloigné de la mer qu'on ne voit que par aperçus lointains. Voici quelques montagnes, une *sierra* couverte de vastes forêts de pins maritimes; la route monte dans la sierra, l'on tournoie dans les airs sur de larges virages, la route grimpe dru mais les innombrables chevaux de notre attelage ne font qu'en rire, car, libérés désormais sur un sol excellent, ils courent pour rattraper le temps perdu. La vue s'étend très jolie du haut de ces montagnes qu'on ne tarde pas à redescendre.

C'est maintenant *Villafranca del Panades,* au bas de la sierra, ville sale dont le nom indique sans nul doute qu'elle est dans la panade ; qu'on me pardonne ce mot quelque peu risqué, mais je n'ai pu le retenir, il peint trop bien l'aspect délabré de cette triste ville. Et cependant ce pays est riche et cultivé.

Dans la plaine, désormais, la route file au milieu de vignobles à perte de vue ; puis en rase campagne, on passe sous un superbe arc romain qui annonce la proximité de l'antique Tarragone. Un peu plus loin, tout au bord de la route nous nous arrêtons pour admirer le tombeau des Scipions, vaste tombeau romain, très bien conservé, qui servirait de sépulture aux deux frères Scipion tombés à Anitorgis. C'est une imposante construction d'une dizaine de mètres de hauteur et sur la facade de laquelle il reste une sculpture fort nette encore représentant deux captifs.

Quelques kilomètres encore et nous faisons

notre entrée dans *Tarragone* (1). Sur un beau boulevard ombragé de grands arbres, la façade accueillante et sympathique de la *Fonda de Paris* réunit tous nos suffrages : nous descendons ici et nous avons bien fait, car nous avons trouvé un hôtel propre et bien tenu.

Mercredi, 14 août.

Levés de grand matin, nous commençons immédiatement la visite de la ville. A travers un dédale de petites rues étroites et où le soleil ne doit jamais descendre, nous gagnons la *Cathédrale*. La cathédrale de Tarragone et son superbe cloître sont parmi les plus beaux types de style roman que j'aie jamais vus ; je ne saurais trop conseiller aux touristes qui viendront à Tarragone d'aller y faire au moins une courte visite. L'église est sombre et austère, on se sent réellement là dans le lieu des prières et des prières espagnoles, c'est-à-dire les plus ferventes de toutes ; comme dans toutes les églises d'Espagne, là pas de chaises ni de prie-Dieu, on s'agenouille sur les froides dalles ; les femmes s'y étendent les

---

(1) BARCELONE — TARRAGONE : 97 kilomètres. — *Route :* épouvantable de Barcelone à Molins de Rey. Bonne ensuite jusqu'à Tarragone.

bras en croix et baisent dévotieusement le sol. A côté, le cloître est une espèce d'antichambre, un promenoir riant et clair et tournant autour d'un *patio* rempli de verdure, dans lequel on vient se reposer des prières et de la contrainte du lieu saint. Le cloître de Tarragone est beau entre tous, ses fines arcades à nervures sont comme aériennes et semblent suspendues au plafond plutôt que le supporter; de riches fresques ornent ses murs et l'une d'elles est particulièrement curieuse : c'est la *Procesion de las ratas*, la procession des rats, qui représente une dévote troupe de rats procédant gravement à l'enterrement de quelques chats, exemple charitable bien digne d'êtres plus civilisés; mais voilà que la mort des chats n'était qu'une ruse de guerre et que soudain les cadavres ressuscitent et dévorent leurs trop complaisants fossoyeurs.

Après la cathédrale nous allons voir les *Murailles cyclopéennes*. L'antique *Tarraco* était une ville ibérienne déjà florissante aux temps des conquêtes carthaginoise et romaine; ses primitifs habitants l'avaient entourée d'une formidale ceinture de murailles qui existe encore aujourd'hui sur près de 3 kilomètres de long. Les Romains, les Wisigoths, puis les Arabes exhaussèrent et consolidèrent ensuite ces mu railles, de sorte qu'aujourd'hui leur base seule est ibérienne, ainsi qu'on le constate aisément en voyant les énormes blocs de roc assemblés sans ciment qui constituent le pied des murs.

Tarragone est sur une hauteur dominant la mer, mais ses maisons descendent jusqu'au port, qui est grand et bien abrité. Des quais, en se retournant, on a une très jolie vue de la ville bâtie en amphithéâtre.

Notre hôtel est situé à côté d'une caserne et cette coïncidence m'a permis de constater que les soldats espagnols n'étaient nullement ennemis du confortable; devant le corps de garde il y a toute une collection de chaises, de fauteuils, de rocking-chairs dans lesquels officiers, sous-officiers et soldats se prélassent d'un air absolument satisfait.

A 9 heures du matin nous quittions le nouvel asile des Pères chartreux expulsés de France, et soit dit en passant, il nous a été impossible de découvrir exactement le lieu de la retraite où ils fabriquent maintenant la « Tarragone » ; c'est, paraît-il, dans un bâtiment très quelconque, vers le port.

La route est bonne et nous filons à 50 à l'heure. La campagne alterne en riches cultures, vignes et oliviers et en landes désertes où ne croissent que genièvre, bruyères, aloès et palmiers nains. A mesure qu'on avance, la flore se fait plus méridionale; les champs sont bordés d'arbousiers aux grandes gousses, de cactus et d'aloès.

Hospitalet est un petit village groupé auprès d'une grande bâtisse à quatre tours, qui fut jadis un refuge pour les pèlerins et dont la masse noire se découpe nettement au bord de la mer sur le bleu des flots.

La route maintenant se fait accidentée : elle monte et redescend continuellemeut la croupe des montagnes qui viennent mourir à la mer; elle est bonne, mais coupée de dangereux caniveaux très saillants et sur lesquels se racle parfois le ventre de l'auto; il faut aller lentement et prudemment. Mais le paysage est grandiose; le chemin tournoie sans cesse au milieu des montagnes arides animées seulement de rares bergers au milieu de leurs troupeaux, le regard s'étend parfois sur la mer sans limites et sur la droite se découpent de hautes montagnes dont les cimes légèrement embrumées sont un signe de la chaleur qui s'appesantit sur nos têtes. C'est très curieux, il fait chaud, très chaud, mais nous ne souffrons nullement de la chaleur : abrités sous le tendelet de la voiture, constamment rafraîchis par la brise de la mer, nous bravons sans peine et soleil et chaleur.

Nous pénétrons dans le large delta de l'*Ebre*, contrée fertile et admirablement irriguée par le fleuve, dont les eaux sont constamment puisées et déversées dans les champs par des roues élévatoires. Ces roues élévatoires sont un reste de la civilisation mauresque : les Arabes étaient d'habiles agronomes et pendant leur occupation toute l'Espagne était arrivée à un degré de fertilité inconnu aujourd'hui. Leurs roues élévatoires sont simples autant qu'ingénieuses; imaginez-vous une grande roue munie de palettes comme une roue de moulin, dont le bas trempe dans le lit du fleuve ou d'un canal amenant l'eau du fleuve; en outre de ses palettes la roue porte sur tout son pourtour des godets ou simplement des pots de terre destinés à contenir l'eau à élever. Le courant du fleuve fait tourner la roue au moyen de ses palettes et celle-ci en même temps élève ses pleins godets d'eau qu'elle déverse en haut dans les conduites destinées à l'irrigation des champs dont le niveau est au-dessus de celui du fleuve.

C'est au milieu de cette riche campagne que nous trouvons la ville de *Tortosa*. Il est 11 heures et nous nous arrêtons à la *Fonaa de Europa* pour déjeuner. L'extérieur de cette auberge n'est nullement engageant, aussi sommes-nous agréablement surpris en pénétrant dans la salle à manger qui est propre, où il règne une délicieuse fraîcheur et où nous mangeons de très bonnes choses. On nous avait prédit des hôtels sales et une cuisine repoussante... ma foi jusqu'ici l'impression est plutôt favorable.

Nous avons fait en déjeunant de consciencieuses études sur les vins d'Epagne; pour ma part je les trouve très bons, mais un peu trop riches et ma préférence reste encore acquise aux vins de France. J'ai remarqué ici une curieuse façon de boire le vin assez employée dans ce pays; on sert sur la table des carafes de vin de forme étrange : un ventre très arrondi surmonté de deux longs goulots, un large qui sert à remplir la carafe et un autre qui se termine en pointe effilée et par lequel les Espagnols se versent directement le vin dans le gosier, manière peu gracieuse de boire, mais qui a l'avantage de supprimer le verre; il faut pour boire ainsi se livrer à une gymnastique particulière qui doit demander un certain apprentissage; je n'ai pas essayé de me servir de cet instrument, de peur de me verser le vin partout ailleurs que dans la bouche.

Nous nous sommes munis à Tortosa d'*alcara-*

zas que nous emporterons dans la voiture pour avoir constamment de l'eau fraîche à notre disposition; ce sont des poteries en terre poreuse qui ont la faculté de rafraîchir l'eau dont on les remplit par un phénomène d'osmose et d'auto-évaporation. Ces alcarazas sont partout employées en Espagne, les paysans en emportent aux champs, les tables des cafés en sont garnies, on en trouve dans les chambres des hôtels, on ne conçoit pas d'autre manière de contenir l'eau potable et il est certain que leur action est très efficace et que ces récipients fournissent toujours, même en plein soleil, une eau parfaitement fraîche.

Après une courte sieste, nous repartons à 3 heures. Pour gagner la campagne il faut tourner et retourner dans les petites rues tortueuses de Tortosa, et pour arriver à trouver notre chemin nous avons dû nous faire escorter par un indigène sans les sages conseils duquel je crois bien que nous ne serions jamais sortis de ce labyrinthe et que nous y tournerions jusqu'à la consommation des siècles.

En quittant la ville on traverse l'Ebre sur un large pont. La route continue à être bonne mais à chaque instant on rencontre des torrents et même de larges rivières qu'il faut passer à gué; il est vrai que tous sont à peu près à sec. Tant par ces gués que par l'état général de la route, je suis convaincu que mon voyage, qui n'est qu'un jeu en cette saison, se trouverait à peu près impraticable à toute autre époque.

Voici un village grouillant de population, c'est *Uldecona*. Nous rencontrons maintenant de la couleur locale tant que nous avions pu en souhaiter; les types se sont profondément modifiés et portent désormais nettement marquée l'empreinte sarrazine, les vêtements sont tout autres, les maisons ont une architecture jusqu'alors inconnue; nous voilà dans un pays réellement nouveau pour nous, nous ouvrons de grands yeux, avides de ne rien perdre de tout ce qu'ils voient. Nous approchons, en effet, de l'ancien royaume arabe de Valence et une borne nous indique bientôt que nous venons de quitter la province de Tarragone pour entrer dans celle de Castellon.

Vinaroz, est un joli petit port, bien posé au bord de l'eau, aux maisons blanches, aux toits en terrasses : l'air tout à fait oriental.

Benicarlo : une très vieille ville restée ce qu'elle était il y a plus de mille ans, c'est-à-dire arabe. Maisons basses et blanches à terrasses, murs bien crépis derrière lesquels lèvent la tête quelques gracieux palmiers; toute la population, basanée, noire, est sur les portes; la marmaille est fourmilière, elle saute, piaille et s'accroche à toutes les saillies de l'auto pour mieux nous faire cortège. Je suis sûr qu'à un moment donné nous avons ainsi transporté dans le village quinze à vingt passagers supplémentaires; nous ne pûmes nous en débarrasser qu'en les cinglant à coups de lanières à tour de bras. Avec cela la population nous est très sympathique, les visages sourient à notre passage, la curiosité intense que nous éveillons nous montre que par ici il doit passer bien peu de voitures automobiles. Le costume pittoresque des Valenciens se porte encore : *sombrero* à larges bords, foulard sous le chapeau, chemise noire, caleçons de toile large et flottant ou pantalon noir se terminant au genou par des flots d'étoffe.

En sortant de la ville nous rencontrons une file de voitures qui rentrent avant la nuit, elles sont toutes attelées de mules; c'est un affolement général à l'apparition de l'auto : la file entière fait demi-tour comme à l'entente d'un commandement admirablement exécuté, puis tout se sauve au triple galop avant que nous ayons eu le temps de revenir de notre stupeur. Cet affolement des animaux joint à la curiosité des hommes nous confirme dans notre idée que la circulation automobile doit être encore bien peu importante dans cette région.

La végétation change à mesure que nous avançons ; elle se signale maintenant par deux individus nouveaux : le palmier et l'oranger que nos yeux de septentrionaux sont surpris de voir pousser en pleine terre au bord de la route comme de vulgaires pommiers.

Le crépuscule se fait court à mesure que nous descendons dans le sud. La nuit nous surprend tout à coup, une trentaine de kilomètres avant Castellon ; comme nous ne savons pas quel hôtel nous attend là-bas et qu'il fait une nuit admirable, nous décidons de camper en plein air comme une troupe de bohémiens. Le garde-manger de la voiture nous fournit le menu d'un excellent repas : thon à l'huile, sardines aux tomates, truites de Norvège, perdreau truffé ; un excellent vin que nous avons acheté à Tortosa, l'eau glacée des alcarazas et, s'il vous plait, du champagne forment la partie liquide d'un repas que n'eût pas désavoué Lucullus, mon excellent collègue. Malheureusement le dessert manquait et j'enrageais d'avoir commis un aussi impardonnable oubli, lorsque nous nous souvînmes que notre campement était établi au milieu des vignes : quelques minutes après de savoureux raisins complétaient notre table, d'autant plus savoureux qu'ils furent maraudés. Les coffres de la voiture fournirent encore tout un assortiment de couvertures, de plaids, de manteaux, de pèlerines, qui furent rapidement transformés en matelas, draps, oreillers et couvertures et sous le ciel étoilé nous nous endormîmes tranquillement, non loin du petit village d'*Oropesa* (1).

Jeudi, 15 août.

Un superbe lever du soleil sur la mer, toute proche, nous tire de nos lits de plume où nous avions dormi sans la plus petite interruption.

Nous partons à 7 heures du matin, après un délicieux déjeuner dont les vignes d'alentour firent encore les frais. On a bien raison de dire que dans le crime il n'y a que le premier pas qui coûte : hier nous hésitâmes avant de commettre notre premier vol... aujourd'hui cela nous parut tout naturel; du reste, vous voyez, j'avoue cela maintenant avec le cynisme d'un criminel endurci. Il ne nous manquait plus que cela pour être de vrais bohémiens : nous voilà complets à présent !

La route est bonne, le temps est exquis, nous

---

(1) TARAGONE — OROPESA : 188 kilomètres. — *Route :* assez bonne, mais souvent poussiéreuse. Caniveaux dangereux et plusieurs gués entre Tarragone et Tortosa.

filons joyeusement au milieu de vignobles immenses qui s'émaillent maintenant de rouge, de bleu, de blanc; ce sont des vendangeurs et des vendangeuses qui cueillent le raisin; ma conscience bourrelée me suggère que notre vol est connu et que tous ces gens-là se dépêchent d'enlever leurs fruits pendant qu'il en reste encore.

Un crochet de la route dans les rochers et la mer maintenant vient déferler à nos pieds. Au paysage calme de la riche campagne a succédé tout à coup un petit coin de rocs et de vagues extrêmement sauvage, puis c'est à nouveau les cultures riantes qui reprennent sans interruption.

Dans une jolie baie, au bord d'une plage de sable fin, voilà *Benicassim,* qui s'étale coquettement comme une baigneuse nonchalamment couchée au soleil après le bain. Benicassim, quel nom bien arabe! La ville ne dément pas son nom, car ses petites maisons carrées, resplendissantes de blancheur, qui sont groupées autour de son dôme aux *azulejos* brillants, lui donnent un aspect absolument mauresque.

Décidément la curiosité des populations augmente dans des proportions gigantesques; l'auto est signalé du plus loin que puissent apercevoir les habitants du pays et aussitôt tous les indigènes accourent faire la haie sur notre passage.

A *Castellon de la Plana* notre arrivée bouleversa littéralement la ville ; |nous crûmes un instant qu'il y avait une émeute et nous eûmes toutes les peines du monde à nous persuader que tout ce monde, toute cette agitation, tout ce bruit étaient le résultat de notre présence. Un café ouvert malgré l'heure encore matinale, nous permit de nous arrêter dans cette ville pour nous rafraîchir un peu et surtout pour étudier toute cette curieuse population. Un cercle compact se forma aussitôt autour de la voiture, on faillit prendre d'assaut le café où nous nous étions réfugiés ; non, quand j'y repense je crois toujours avoir devant les yeux un tableau de guerre civile. Et cependant toute pensée belliqueuse était bien loin de ces gens-là, car j'ai rarement vu des populations qui nous fussent aussi sympathiques que celles de toute la côte méditerranéenne de l'Espagne ; ces Espagnols sont polis à l'extrême mais sans être obséquieux, ils sont fiers mais affables, c'est un peuple agréable mais combien négligent des choses de la vie : figés dans leur contemplation éternelle, arabes ils sont restés.

Que d'enfants ! que d'enfants ! il ne faut pas venir me raconter que l'Espagne se dépeuple ; non, la chose n'est pas possible avec une aussi prodigieuse quantité de moutards.

En sortant de Castellon nous constatons avec peine que la route est devenue subitement exécrable; les trous, les abominables trous de Barcelone ont réapparu et la poussière couvre le chemin d'une couche digne des mauvaises routes d'Italie. Allons! reprenons la première vitesse et les perpétuels débrayages! Avec un peu de philosophie et beaucoup de patience, nous finirons bien par arriver à Valence! Tout de même les cantonniers sont réellement trop négligents dans ce satané pays; je voudrais bien en tenir un en ce moment; ce que je le flanquerais avec plaisir le nez le premier dans sa poussière. Et ça n'est pas assez de la mauvaise route, voilà, que le soleil s'en mêle et qu'il nous arrose de rayons à fondre l'acier, peu à peu nous cuisons, d'imposantes cascades coulent de nos fronts, de nos nez sur les tapis de la voiture cependant que nos gosiers altérés remplacent incessamment cette eau par des appels désespérés aux alcarazas.

Pour nous distraire de notre martyre, nous examinons avec intérêt la campagne que nous parcourons; des orangers à perte de vue; nous sommes au milieu du pays des oranges, des « belles Valence » qu'en hiver les marchands ambulants clament dans nos rues de France. Le pays des oranges d'Espagne commence à Benicarlo, où nous passâmes hier, et finit à *Dénia*, au sud de Valence; ce jardin des orangers s'appelle *la Plana* au nord, *la Ribera* au milieu et *la Marina* au midi. Les oranges de la Plana sont les moins bonnes, elles ont un goût acide qui nuit à leur qualité; il s'en exporte cependant de grandes quantités, sur Marseille principalement. Celles de la Ribera sont beaucoup plus fines et plus douces; elles se vendent surtout à Liverpool. La Marina produit les meilleures; ses arbres donnent en outre d'abondantes moissons de feuilles et de fleurs dont on extrait parfum, essences, boissons.

Les files d'orangers s'alignent perpendiculairement à la route et s'en vont loin, loin, loin, parallèles, interminables. En cette saison les oranges ne sont pas mûres encore; on distingue dans le feuillage de petits fruits verts qui seront dans quelques mois les pommes d'or délicieuses. Parfois cependant nous apercevons de grosses oranges, bien jaunes, qu'on a laissées sur l'arbre pour un usage spécial sans doute; car c'est une singulière particularité de l'orange de pouvoir rester sur l'arbre plusieurs mois encore après sa complète maturité, alors que les autres fruits en général tombent où se dessèchent.

Ces fruits si doux qui nous viennent en France enveloppés dans de délicats papiers de soie et dont nous nous régalons en hiver, c'est donc sur ces arbres-là qu'on les récolte, ces arbres qu'irrévérencieusement nous couvrons en passant d'une abondante couche de poussière!

Sagonte, surmontée de sa colline aux murailles crénelées, apparaît au bord du *Palancia.* Cette ville est un squelette aux maisons décharnées qui ne rappelle que par le souvenir hélas! l'antique métropole des Ibères, la *Saguntum* des Romains, dont la résistance acharnée aux armes d'Annibal est restée célèbre à tout jamais. C'est la *Murviedro* des Espagnols, nom qui descend de l'ancienne appellation mauresque signifiant « vieilles murailles ». Romains de Scipion, Carthaginois d'Annibal, où êtes-vous? Y avait-il autant de poussière ici de votre temps?

Et la route continue lamentablement trouée comme une écumoire pendant que nous sautons comme des carpes dans une poêle et que les ressorts plaintivement clament leurs malheurs sur des notes tantôt graves, tantôt aiguës.

La campagne qui nous entoure est un véritable jardin dont le sol rouge, irrigué par un système de canaux intelligemment disposés, est couvert de riches cultures, d'arbres verts et de fleurs; c'est la *huerta* de Valence.

Enfin! voici au loin des dômes couverts d'azulejos resplendissants, c'est Valence ; notre supplice touche à sa fin. De Castellon à Valence il y a 68 kilomètres de route absolument défoncée sur laquelle, tout en étant épouvantablement cahoté, on ne peut avancer à plus de 15 kilomètres à l'heure. Je vous prie de croire que c'est long, 68 kilomètres faits à cette allure et dans ces conditions.

Il est midi. Nous pénétrons dans *Valence* (1) en franchissant sur un pont le rio *Turia*, à sec, comme une rivière espagnole qui se respecte. Cela me rappelle que ce matin, parmi les gués que nous avons passés, il y avait celui du rio *Secco*, encore plus à sec bien entendu pour ne pas faire mentir son nom ! Puis on passe sous la porte dite *Torres de Serranos*, colossale porte flanquée de deux énormes tours en briques qui donnent à la ville un aspect féodal.

Nous descendons au *Grand-Hôtel*, calle de San Vincente ; nous y trouvons des chambres très propres, une cuisine tout simplement exquise. Il règne dans la salle à manger une fraîcheur délicieuse qui caresse voluptueusement nos épidermes

---

(1) OROPESA — VALENCE : 90 kilomètres. — *Route :* bonne d'Oropesa à Castellon, épouvantable de Castellon à Valence.

C'est autour de Valence que j'ai trouvé les routes les plus mauvaises de toute l'Espagne.

saturés de soleil et de poussière ; ces Espagnols s'entendent admirablement à disposer l'intérieur de leurs maisons pour qu'il y fasse toujours frais. Avec quelles délices, dès notre entrée à l'hôtel, malgré soif et faim, nous sommes-nous délassés dans l'agréable chose qu'est toujours mais qu'était surtout en la circonstance : un bain.

Les autos sont rares à Valence. Ce que ç'a été compliqué pour loger notre voiture ! Ici pas de garages ; seulement un mécanicien réparateur dont la boutique est archipleine avec une moto-cyclette et une de Dion de 3 chevaux. Je réussis enfin à dénicher une remise dans laquelle notre voiture ne put pénétrer qu'en lui faisant faire un rétablissement sur une grosse pierre qui obstruait l'entrée.

Valence, la *Valencia del Cid,* a conservé un cachet mauresque très marqué. Ville déjà pros-père au temps des Ibères, puis sous les Romains et sous les Wisigoths, elle fut conquise par les Maures en 714 ; elle devint, en 1021, la capitale d'un royaume sarrazin indépendant, le royaume de Valence, qui comprenait toute la contrée de-puis l'embouchure de l'Ebre au nord jusqu'à Alméria au sud. Les Sarrazins lui donnèrent le summum de sa grandeur ; pendant cinq siècles Valence fut l'un des grands centres de la civilisation arabe et l'heure de la décadence ne sonna pour elle, comme hélas! pour la plupart des villes des Maures, que lorsqu'elle eut été définitivement conquise par les catholiques. Les Arabes furent chassés de Valence en l'an 1238 par Jacques Ier d'Aragon. Pendant la longue ère de domination mauresque à Valence il faut cependant placer un court intérim catholique, célèbre dans les fastes espagnoles, la conquête temporaire de Valence par le Cid.

Rodrigue de Bivar, le valeureux chevalier *Le Cid Ruy Diaz Campeador*, fut élevé à la cour du roi Don Ferdinand Ier, roi de Castille et de Léon (1017-1057). La légende rapporte à la gloire du Cid de nombreux exploits dont il aurait été le héros déjà sous le règne de ce prince; le vieux roi Ferdinand avait fini par le prendre comme unique conseiller, ce qui avait soulevé contre le Cid de redoutables haines issues des jalousies des courtisans. Ce roi don Ferdinand, au lieu de laisser ses états à l'aîné de ses fils, les partagea en trois parts qu'il attribua à chacun de ses enfants, dans la pensée louable mais maladroite de mieux pacifier l'Espagne catholique. L'aîné, don Sanche, eut la Castille, la Navarre et l'Estramadure; le second, don Alphonse, fut mis à la tête de Léon et des Asturies; enfin le troisième, don Garcie, eut pour sa part la Galice et une partie du Portugal (1).

Une pareille distribution, au lieu de pacifier les États du vieux roi, y déchaîna au contraire, dès sa mort, de terribles guerres. Les trois frères, qui voulaient chacun la totalité des États de leur père, se livrèrent maintes batailles à la suite desquelles don Sanche, l'aîné, qui avait l'appui du bras invincible du Cid, réduisit à l'état de vassalité le royaume de don Garcie et s'empara de celui de don Alphonse, qui fut obligé de s'enfuir et ne trouva un refuge qu'auprès du roi maure de Tolède, Ali Maynon.

Le roi don Sanche ayant été assassiné pendant qu'il faisait le siège de Zamora en 1077, don Alphonse quitta les Sarrazins, qui l'avaient toujours bien traité, pour monter sur le trône de Castille et de Léon. La noblesse de Castille soupçonnait don Alphonse d'avoir trempé dans le meurtre de son frère et le courageux Cid ne craignit pas d'exprimer publiquement ce soupçon au nouveau roi, de sorte que celui-ci fut contraint de jurer solennellement en l'église de Sainte-Agathe à Burgos qu'il était innocent de toute participation à ce meurtre, mais il en

---

(1) *Chronique du Cid;* Séville, 1548.

garda désormais une dure rancune contre le Cid, raucune qui, en maintes occasions, fut habilement exploitée par les courtisans contre le valeureux chevalier.

Le serment prêté, le Cid se rangea complètement du côté du roi et mit sa brave épée à son service. Il se signala alors par de nombreux combats glorieux que don Alphonse paya bientôt par la plus noire ingratitude. Sous prétexte que le Cid, revenant d'une expédition, avait pillé sur les territoires du roi de Tolède, l'ancien protecteur de don Alphonse, celui-ci, habilement circonvenu par ses courtisans, le bannit de son royaume.

Le Cid partit avec de nombreux chevaliers, décidés à suivre sa fortune, et une armée de plusieurs milliers d'hommes. Il laissa à Bivar sa femme dona Chimène et ses filles. C'est maintenant que s'ouvre la carrière la plus brillante du chevalier légendaire.

Le Cid exilé résolut de se tailler un royaume à la pointe de son épée et soit par les armes, soit par la trahison et la ruse qui étaient ses moyens de prédilection, il réussit, en effet, à conquérir sur les Maures un véritable empire. Il vainquit le roi maure de Saragosse qui fut contraint de se déclarer son vassal ; il défit les troupes arabes du roi de Dénia ; il vainquit et fit même prisonnier le comte de Barcelone don Raymond sur lequel il conquit sa fameuse épée *Colada*. Dans ses chevauchées, le Cid vainquit encore les troupes du roi d'Aragon, assiégea et enleva de nombreux châteaux mauresques, razzia maintes villes arabes et porta sa gloire et ses richesses à un si haut point que le roi don Alphonse ne put lui tenir rigueur plus longtemps et, soit par reconnaissance pour le Cid qui, après chaque nouvelle victoire, lui donnait une marque de vassalité, soit plutôt parce qu'il avait besoin d'une aussi redoutable épée, lui accorda pardon et honneurs.

Le Cid allait bientôt porter sa gloire à son apogée. Il vint mettre le siège devant Valence. Après dix mois de siège acharné il s'en empara... Mais j'aime mieux laisser la parole à l'historien arabe (1) :

« Il entra dans Valence l'an 488 (2), en usant de fraude selon sa coutume. Cette terrible calamité frappa comme un incendie toutes les provinces de la péninsule et couvrit toutes les classes de la société de douleur et de honte. La puissance de ce tyran alla toujours en croissant, de sorte qu'il pesa sur les contrées basses et sur

______

(1) *Ibn Bassam, la Dakhirah* : trad. de M. Dozy.
(2) L'an 488 de l'hégire ou l'année 1087 de notre ère.

les contrées élevées, et qu'il remplit de crainte les nobles et les roturiers. Quelqu'un m'a raconté l'avoir entendu dire dans un moment où ses désirs étaient très vifs et son avidité était extrême : « Sous un Rodrigue (1) cette péninsule a « été conquise : mais un autre Rodrigue la déli- « vrera. » — Parole qui remplit les cœurs d'épouvante et qui fit penser aux hommes que ce qu'ils craignaient et redoutaient arriverait bien tôt. Pourtant cet homme, le fléau de son temps, était par son amour pour la gloire, par la prudente fermeté de son caractère et par son courage héroïque, un des miracles du Seigneur. »

En véritable souverain, le Cid s'installa dans l'Alcazar et depuis lors Valence s'appela Valencia del Cid.

Pour en terminer avec notre héros, j'ajouterai qu'après son entrée dans Valence il envoya un message au roi don Alphonse pour lui annoncer que lui et sa nouvelle conquête se mettaient à sa disposition. Il fit venir auprès de lui dona Chimène, sa femme, et ses filles et s'apprêta à régner en vrai roi. Mais d'autres combats lui étaient réservés : un roi maure du Maroc, avec une armée forte de plus de deux cent mille

---

(1) C'est sous le roi goth Rodrigue de Tolède que les Maures firent leur apparition en Espagne.

hommes vint par mer mettre le siège devant Valence pour la reprendre aux infidèles.

Après maints combats, le roi marocain fut repoussé avec de grandes pertes et fut contraint de regagner honteusement ses vaisseaux. Ce fut au cours de ces batailles que le Cid conquit sa seconde et plus fameuse épée : *Tizona*. Les Maures du Maroc revinrent quelques années après en nombre plus considérable; le Cid les défit et les obligea de nouveau à regagner leurs vaisseaux.

Le légendaire héros devait remporter la victoire même après sa mort. Surpris par la maladie et sentant sa fin proche il donna ses derniers ordres à dona Chimène et à ses plus fidèles lieutenants, leur annonça que dans peu de jours il aurait cessé de vivre et qu'il voulait que son corps fût embaumé pour conserver le plus longtemps possible après sa mort l'apparence de la vie; il leur apprit qu'il avait reçu avis qu'une armée marocaine, plus puissante encore que les premières, était en route pour venir assiéger Valence, et qu'il voulait que sa présence et son nom, bien que mort, leur servissent à remporter encore une fois la victoire. Il donna minutieusement toutes ses instructions pour que sa dernière ruse réussît. Puis il mourut laissant sa femme seule devant la redoutable perspective d'une formidable invasion arabe.

La mort du Cid fut tenue absolument secrète. En effet, quelques jours après une immense flotte apparut devant Valence, il en descendit des nuées d'Arabes, commandés par trente-six rois et une reine, dit la légende, qui vinrent battre les remparts de la ville comme les flots de la mer. Suivant les ordres du héros défunt, celui-ci, armé de pied en cap, son épée Tizona à la main, ayant sur les joues de fausses couleurs de vie, fut solidement assujetti sur son cheval de bataille et les troupes castillanes furent conduites au combat par leur macabre chef. Il était écrit que le Cid, vivant ou mort, verrait toujours la victoire lui sourire : les Marocains furent dispersés et leur flotte les remporta encore plus vite qu'elle ne les avait apportés.

Mais la mort du Cid ne pouvait être tenue longtemps cachée; sans l'auréole de gloire du héros qui entraînait ses troupes à la victoire et qui épouvantait les soldats arabes, la situation devenait intenable pour sa veuve dans cette Valence que les Maures s'acharnaient à vouloir reprendre. Sans coup férir, immédiatement après la bataille, dona Chimène et tous les catholiques évacuaient la ville et se retiraient en Castille, toujours accompagnés de l'invincible chevalier porté par son cheval *Babieca* (1).

Qu'on me pardonne cette longue digression sur le Cid, mais le héros légendaire est si peu connu en général que j'ai cru bien faire en puisant aux vieilles chroniques espagnoles les détails les plus intéressants de sa glorieuse carrière. Peut-être la légende a-t-elle grossi ou embelli nombre de ses exploits, mais il est démontré que sa vie fut à peu près telle que je viens de la tracer à grands traits d'après des documents authentiques.

Et puisque je n'ai pas encore quitté ce sujet, je demande la permission de dire comment le Cid choisit et baptisa son fameux cheval de bataille. Le Cid demanda un jour à son parrain, un clerc du nom de Peyre Pringos, de lui faire don d'un des nombreux poulains qu'il possédait en ses prairies. Celui-ci ayant accédé à sa demande, Rodrigue entra dans le parc où se trouvaient les juments et leurs poulains ; il les passait tous sans fixer son choix lorsqu'avisant un poulain galeux et fort laid, il dit à son parrain :

« Je veux celui-ci. — Son parrain s'écria : *Babieca* (*imbécile*)! vous avez mal choisi. —

---

(1) En 1909.

Mais le Cid répondit : celui-ci sera bon cheval et aura nom *Babieca*. Et en effet ce cheval fut bon et fortuné, et sur lui Mon Cid vainquit depuis en plusieurs batailles rangées (1). »

Après l'évacuation de la ville par les Castillans, les Maures en reprirent possession et pour deux siècles encore Valence participa au rayonnement de l'admirable civilisation arabo-espagnole.

Dans la soirée, nous nous sommes rendus à l'*Alameda*, où nous avons vu s'agiter tout ce que Valence compte d'élégances. Toute ville espagnole, grande ou petite, a son *alameda* : c'est la promenade publique, boulevard ou place, toujours copieusement ombragée, où la population oisive se donne rendez-vous un peu avant le coucher du soleil. L'Alameda de Valence est extrêmement vaste : 800 mètres de long ; elle s'étend en dehors de la ville, de l'autre côté du rio Turia, qu'on traverse pour s'y rendre, sur le Pont *del Real,* longue construction à dix arches d'origine mauresque.

A la tombée de la nuit nous remarquâmes que tous les équipages se dirigeaient vers un endroit commun, nous fîmes prendre au nôtre la même

---

(1) *Chronique du Cid*, chap. 11.

direction et après avoir suivi une très longue avenue bordée d'ombrages, nous nous trouvâmes au *Grao,* le port de Valence.

C'est aujourd'hui le 15 août, il y a fête au Grao, fête religieuse, fête de la Vierge. Nous avons le plaisir d'assister à une de ces curieuses processions espagnoles pour lesquelles se déploie un luxe inouï. Ce n'est pas une file ininter-rompue de prêtres et de cierges, de bannières et de clercs; non, la procession est composée de toute une série de sous-processions, de proces-sions partielles, qui se promènent indépendam-ment sur des itinéraires souvent différents et qui ne se trouvent réunies qu'au départ et qu'à l'arrivée. On voit passer la Sainte Vierge, gran-deur naturelle, vêtue d'habits d'une richesse fa-buleuse, couchée sur des coussins de soie et d'or et portée sur un splendide palanquin. Elle est pré-cédée, suivie, entourée de cierges et de lampions si nombreux, si grappés qu'on dirait des arbres lumineux qui déambulent. Et cependant un déta-chement de soldats suit, avec tambours qui bat-tent une marche lente et triste.

Villanueva del Grao est un port tout à fait moderne, sûr et bien aménagé; c'est de là que partent pour tous les pays d'Europe mandarines, oranges, citrons et raisins.

Il y a une très jolie plage au Grao ; d'élégants bains de mer y sont installés et nous vîmes la mer fourmillante de baigneurs.

De retour à Valence, après un dîner délicat à l'hôtel, nous allâmes nous installer dans un café de la *calle de la Paz*, la nouvelle et la plus belle rue de la ville, et nous regardâmes défiler devant nous les Valenciennes, jolies sous la mantille. Les hommes sont ici vêtus comme en France, et, ma foi, presque toutes les femmes aussi ; il y a très peu de mantilles, et c'est regrettable, car une femme est toujours plus jolie sous cette gracieuse coiffure que sous le chapeau.

Vendredi, 16 août.

Valence a un air bien spécial avec ses nombreux clochers brillant au soleil et mêlant au bleu du ciel le bleu de leurs azulejos.

La cathédrale s'élève sur un emplacement qui supporta successivement : un temple romain, une église wisigothe, une mosquée arabe. La plupart des cathédrales espagnoles a été la résultante d'une pareille succession sur un même emplacement. C'est un assez bel édifice de style gothique du quatorzième siècle. Le clocher ou *Tour du Miguelete* est extrêmement original ; une grosse

tour trapue, octogone, basse, qui semble détachée d'un rempart du moyen âge; au sommet du
clocher s'agite régulièrement *le Miguelete,* la
cloche de Saint-Michel qui sonne les heures d'irrigation de la huerta. C'est que cette huerta, la
richesse de la ville et du pays, tient une grande
place dans la vie des Valencins. Tous les jeudis,
devant la principale porte de la cathédrale, en
plein air sur la place, siège le *Tribunal de las
Aguas,* vieille institution mauresque qui subsiste
encore de nos jours et qui est chargée de régler
tous les différends issus de l'irrigation de la huerta.
Il y a peu d'eau en Espagne; or dans la campagne
de Valence on en tire tout le parti possible, c'est
une valeur précieuse, d'où contestations, régle-
mentations. Les Maures avaient admirablement
utilisé le peu d'eau de l'Espagne et su fertiliser
tout ce pays; les Valencins ont le mérite d'avoir
conservé ces traditions et maintenu leur contrée
dans le même état de prospérité. Hélas! bien peu
de villes d'Espagne ont eu la même intelligence!

Un des plus beaux monuments de Valence est
la *Lonja de la Seda,* le Palais de la Soie, construit sur l'emplacement de l'ancien Alcazar arabe.
C'est du gothique le plus élégant, le plus pur, le
plus harmonieux qui se puisse voir. A l'intérieur,
— la salle de la Bourse, — il y a un hall im-

mense supporté par une série de colonnes aussi sveltes qu'infiniment hautes, qui est surprenant de hardiesse et d'harmonie. Nous sommes restés là à admirer, bouche bée, surpris autant que charmés devant pareille merveille.

Non loin se trouve une des portes de la ville appelée *les Torres de Cuarte;* deux énormes tours encadrent la porte et forment un ensemble assez approchant des Torres de Serranos (1).

Nous passâmes sous cette porte pour aller visiter le *Jardin Botanique* où se trouvent réunies une grande quantité d'essences rares des pays chauds. Mais quel entretien déplorable, quelle nonchalance vraiment espagnole! Les arbres ne sont jamais émondés, les feuilles sèches couvrent le sol, la plupart des étiquettes sont effacées, illisibles ou absentes. L'Espagne et les Espagnols sont ce que je trouve de plus rapproché des Turcs et de la Turquie sous le rapport du fatalisme et du laisser-aller. Ces peuples ont horreur du geste inutile et pour eux les gestes qui peuvent procurer propreté, commodité ou confort sont superflus!

En résumé, Valence est une ville assez jolie, agréable, curieuse surtout, dont j'ai conservé

---

(1) Autre porte de Valence, par laquelle nous entrâmes hier.

bon souvenir et où je retournerai volontiers. Il y fait chaud, mais la brise de mer et les excellentes boissons glacées, *bebidas helladas*, rafraîchissent très suffisamment l'extérieur et l'intérieur du corps des habitants et des touristes. Car il faut avouer que les Valencins sont admirablement outillés pour se procurer la jouissauce qui résulte naturellement de la chaleur : boire très frais quand on a bien chaud, qu'y a-t-il de meilleur? Certains établissements ne débitent que des boissons glacées. C'est effrayant ce que nos corps, transformés en éponges, absorbaient de bebidas helladas : *limon, naranja, fresa, grosella, frambuesa, pina, zarzaparilla, bresquilla, aza-har, agraz, nectarsoda.*

C'est à Valence que j'ai commencé à être frappé par la lumineuse clarté du ciel espagnol. Au milieu de la journée la lumière est si intense qu'elle semble pénétrer tout, tout est lumineux, blanc; on dirait même que l'ombre n'existe pas, les reflets sont tellement puissants qu'ils jettent de la clarté dans les ombres et que là où il devrait y avoir du noir on voit quand même du blanc. Le bleu du ciel est si pâle qu'il paraît blanc; ce dernier point est celui qui m'a le plus frappé : le ciel est si irradiant de lumière qu'il semble ne faire qu'un avec le soleil.

Ce n'est qu'en plein été évidemment qu'on peut voir cela et je m'applaudis encore d'avoir choisi cette époque pour faire mon voyage.

Il n'y a de réellement très chaudes que les heures qui avoisinent midi ; nous en avons fait l'expérience hier en arrivant à Valence. Je ne veux pas dire que cela soit absolument insupportable, non ; abrités sous la capote et le tendelet de l'auto, nous pourrions affronter toutes les chaleurs, mais pour notre plus grand bien-être, nous avons décidé de voyager désormais autant que possible le soir.

C'est pourquoi nous ne quittons Valence aujourd'hui qu'à 6 heures après midi.

En sortant de la ville, la route est à peu près aussi mauvaise que pour y entrer, mais cela dure moins ; au bout d'une vingtaine de kilomètres on peut enfin rouler sans trop de secousses.

A la tombée de la nuit l'auto est arrêté sur un des accotements du chemin et les provisions sont extraites des coffres de la voiture. Ce festin est vraiment charmant. Nos appétits, tout de suite acclimatés à la chaleur de ce pays, se donnent libre carrière au milieu des provisions de toutes sortes que nous avons emportées.

Nous reprenons notre marche en avant dans une lumineuse nuit ; on distingue le paysage comme en plein jour !

Alberique est traversée au milieu d'un concours de peuple immense que la clarté de nos phares luisant de loin a rassemblé sur notre passage et qui nous acclame sympathiquement. Dieu! que ces petites villes de la campagne de Valence sont donc peuplées!

Plus loin, la route franchit le *rio Jucar*, important cours d'eau dont la masse scintille aux rayons de la lune. Puis la plaine a disparu. Nous entrons dans une région montagneuse que nous ne quitterons plus jusqu'à Alicante.

Nous voulons gagner Jativa pour y coucher, mais Jativa est sur une autre route et n'est unie à celle que nous suivons en ce moment que par un petit chemin; il faut ouvrir l'œil et soigneusement scruter ces nocturnes parages afin de ne pas manquer la bifurcation. Sans un complaisant indigène que notre bonne étoile nous a fait interroger à propos, nous l'aurions ratée tous les coups, cette bifurcation qui est traîtreusement cachée derrière un groupe de maisons et qui ouvre l'accès d'un minuscule chemin que nous n'aurions jamais soupçonné d'aller jusqu'à Jativa. Allons! pour être si petit, ce chemin n'en est pas plus mauvais et ferait rougir de honte la route de Castellon si elle pouvait venir se comparer à lui; nous roulons à belle allure entre deux haies très-rapprochées, lorsque soudain notre susdit chemin fait un plongeon au fond d'une rivière qui a de l'eau, — *le rio Montesa,* — et saute brusquement sur l'autre rive; l'auto, docile, avait plongé dans un grand éclaboussement d'eau, et mes passagers s'étaient trouvés de l'autre côté du rio avant d'avoir pu se douter de ce qui venait de se passer.

Encore quelques kilomètres et c'est *Jativa.*

Nous arrivons ici au milieu d'une fête, d'une vraie fête espagnole composée de lumières qui illuminent la nuit et de pétards qui déchirent les oreilles. Par les portes ouvertes, inondant les rues de clartés, nous apercevons des *patios* éclairés à giorno où s'agitent des escadrons de danseurs et de joueurs. De grands *casinos,* non moins brillamment éclairés, sont remplis d'une foule joyeuse et bariolée. Des places de plus en plus brillantes de lumières sont noires d'une multitude qui entoure des baraques et divers jeux. On n'a pas idée d'une pareille fête en France : Jativa est une ville de dix mille âmes environ, la fête au milieu de laquelle nous venons de tomber ne pourrait trouver d'égales que celles de nos plus grandes villes, et encore!

Les maisons projettent la lumière par toutes leurs ouvertures; on dirait que chacune d'elles est une succursale de la fête générale. Voyons si la *fonda* sera aussi brillante et surtout accueillante.

Il est minuit, nous ne désirons que des lits.

Eh bien! des lits il n'y en a point; ou plutôt il n'y en a plus! Par suite de l'affluence d'étrangers venus ici pour la fête, les deux fondas sont déjà archipleines... des gens y ont fait leurs lits sur les billards!

Nous finissons par dénicher une *posada* dans laquelle on nous offre les lits demandés. Incrédules, nous allons nous assurer par nos propres yeux que ces lits ne sont pas des chimères. Hélas! trois fois hélas! nos lits sont de simples matelas posés sur la terre dure et sale, au milieu d'une écurie où ronflent déjà une trentaine de gens qui ne sentent ni la rose ni le jasmin. La posada espagnole est à la fonda ce que l'auberge de France est à l'hôtel, et avec quelque chose en moins encore.

Jativa, dans le tourbillon de sa fête, n'est pas assez accueillante pour nous et malgré l'heure avancée nous décidons de nous priver de l'hospitalité mitigée de la posada et de continuer jusqu'à Alcoy, ville distante d'ici d'environ 50 kilomètres.

L'âme pleine de ressentiment, nous quittons

Jativa dont la masse sombre et trouée de lumières éclatantes nous apparaît maintenant accroupie au pied d'un énorme rocher couronné d'un château aux murailles crénelées. Quelque temps la route tournoie dans la montagne et nous montre l'inhospitalière ville qui continue son ironique fête.

Jativa a le triste honneur d'avoir été le berceau de la trop célèbre famille des Borgia ; il est vrai qu'elle s'est rachetée ensuite en donnant le jour à Joseph Ribera, surnommé l'Espagnolet, l'un des meilleurs peintres de l'Espagne, sinon le meilleur par sa science du dessin.

La route qui va de Jativa à Alcoy est tout simplement parfaite : sol très bon, fort peu de poussière et, bien que serpentant sans cesse dans la Sierra, pourvue de larges et excellents virages. D'après ce qui m'a été donné de voir jusqu'ici en Espagne, si les routes sont généralement très mauvaises aux abords des grandes villes, elles sont fort praticables partout ailleurs ; elles sont toujours d'une largeur considérable, un bon tiers plus larges que nos routes françaises, et filent en ligne droite, évitant les virages inutiles, trouant souvent les collines par une profonde tranchée qui supprime une montée ou en atténue la pente. Dans les pays de montagne où les virages ne se

peuvent éviter, ceux-ci sont toujours soigneusement établis et d'un rayon bien plus grand
que chez nous. J'ai vu souvent des routes virer
à pic au-dessus du vide, sur des murs de soutè-
nement qui doivent coûter horriblement cher, à
seule fin d'avoir un tournant plus large. Hormis
l'entretien qui laisse toujours, peu ou prou, à
désirer, j'ai constaté que les routes espagnoles
étaient les mieux établies de toutes celles que
j'ai parcourues jusqu'ici. Mais que de cahots
pourraient être supprimés avec un meilleur entretien !

Nous sommes arrivés à *Alcoy* (1) à 3 heures du
matin.

Cette ville est construite bizarrement sur des
roches, le long d'un ravin escarpé, dans un amphithéâtre de roches. Avant de pouvoir entrer
dans la ville par le pont qui passe sur le ravin, on
est obligé de la contourner complètement : les
lumières brillent dans la nuit, toujours, et l'on
n'entre pas ; on croit qu'on va la dépasser quand,
enfin, la route fait un brusque crochet pour
prendre le pont libérateur.

Nous ignorions où se trouvait la fonda quand

---

(1) VALENCE — ALCOY : 115 kilomètres. — *Route* : très
mauvaise de Valence à Albérique. Médiocre d'Albérique à
Jativa (un gué). Bonne de Jativa à Alcoy.

nous avisâmes la petite lanterne clignotante d'un *sereno* que nous interrogeâmes et qui obligeamment, son lourd trousseau de clefs à la main, nous précéda sur la grande place de la ville où nous attendait la *Fonda del Commercio*. Bien qu'il n'y ait aucune fête en ce moment à Alcoy, l'affluence y est grande : l'hôte s'excusa de ne pouvoir nous donner que de minuscules chambres au quatrième étage. Cela nous démontra du moins qu'à Alcoy, les immeubles ont une hauteur toute moderne.

ALCOY

Samedi, 17 août.

Nous avons dormi à poings fermés dans nos petites boîtes élevées.

Alcoy semble accrochée sur ses roches ; il n'y a pas une de ses rues qui ne soit en pente, et quelles pentes ! Au fond de son ravin coule le *Rio Serpis* dont le cours régulier fait marcher de nombreuses usines : fabriques d'allumettes, de papier à cigarettes, de drap, de couvertures, et surtout de ce papier de soie dans lequel se plient les « belles valences ».

C'est une ville très moderne qu'on est tout surpris de trouver au fond de cette sierra rocailleuse et stérile. Les maisons sont hautes et bien bâties, les fontaines nombreuses, les jardins publics coquets et pleins d'animation. C'est un un gros centre industriel qui compte plus de 30 000 habitants.

L'hôtel de cette ville continue à nous faire voir les auberges espagnoles sous un jour très honorable : nos chambres étaient petites mais absolument propres ; nous venons de déjeuner d'exquise façon.

Après une journée très bien employée à visiter la ville, nous nous mettons en route pour Alicante à 4 heures du soir.

La manière de voyager que nous avons inaugurée hier est décidément la meilleure. En partant à la fin de la journée, au moment où les rayons du soleil ne frappent plus qu'obliquement, nous jouissons d'une agréable température et nous roulons jusqu'au bout de l'étape fixée. De cette façon nous pouvons être obligés de marcher un peu la nuit, mais la lune et les étoiles rivalisent pour nous éclairer et nous faire voir distinctement le paysage.

Nous avons remarqué que les soirées sont beaucoup plus fraîches que les matinées. Il y a le soir, à partir de 4 heures, une agréable brise qui est pure jouissance. Le matin, aussitôt que le soleil est levé, la chaleur commence.

Tout de suite en sortant d'Alcoy, la route, très bien construite et bonne comme sol, s'élève en lacets dans la *Sierra de Vivens*. Elle serpente dans des montagnes arides et blanches qui ont un grand cachet de sauvagerie. Mais voici que le soleil se cache derrière de gros nuages et qu'il fait frais; puis le brouillard s'élève et pendant plusieurs kilomètres nous roulons dans une mer de brumes. Comme c'était agréable, après les chaleurs de ces jours derniers! Ce délicieux brouillard, qui se déposait sur nos personnes en fines gouttelettes froides, nous faisait une impression exactement semblable à celle qu'on éprouve en savourant une boisson glacée. Nous avions même presque froid, par instants. Je me rappelle qu'alors nous avons rencontré sur le chemin une compagnie de promeneurs; les femmes avaient, — comme toutes les Espagnoles — des éventails; eh bien! à 1000 mètres d'altitude, dans le brouillard froid, ces Espagnoles s'éventaient!

Le brouillard s'est dissipé mais la route monte toujours, nous atteignons ainsi le *Col de la Carrasquetta*, d'où l'on a une très belle vue sur cette région de montagnes.

L'on redescend maintenant aux flancs de la sierra par des lacets sans nombre. Au loin l'on distingue la mer, mais à mesure qu'on s'en rapproche, celle-ci se cache derrière les collines déplumées qui couvrent Alicante.

Jijona, à droite de la route, apparaît avec toutes ses maisons étagées sur le pied de la montagne et groupées autour d'un vieux château maure. Devant elle s'étend une riche campagne où poussent des oliviers par légions innombrables. L'on traverse le bas de la ville qui paraît importante et assez riche.

Dans cette région les montagnes sont absolument nues, sans aucune végétation, mais les plaines paraissent très fertiles et sont bien cultivées.

En approchant d'Alicante, à cause du plus grand charroi, la route se fait moins bonne.

Enfin l'on débouche subitement au bout du quai d'*Alicante* (1), jusque-là complètement cachée par des collines. La brusque apparition de la mer et de la ville mauresque aux blanches maisons plates et aux immenses palmiers fait une surprise vive et agréable.

Il est 5 heures et demie du soir.

Nous avons choisi l'*Hotel Reina Victoria*, tout neuf, récemment ouvert par une société franco-espagnole qui se propose d'en monter de semblables dans toutes les grandes villes d'Espagne. Comme hôtel, voilà le modèle du genre, on ne pourrait trouver mieux en France, ni même en Suisse. Il est extrêmement confortable, muni de tous les perfectionnements les plus modernes, très propre, le service y est parfait et par-dessus tout il est placé dans une admirable situation, le long de ce quai de palmiers qui nous enchanta dès notre arrivée. Ajoutez à cela qu'on y mange d'excellente cuisine et, si l'on veut, en plein air, sous les palmiers, devant la mer bleue.

Le grand quai d'Alicante, planté d'une quadruple rangée de palmiers, est le lieu de prome-

______

(1) ALCOY — ALICANTE : 53 kilomètres. — *Route :* assez bonne (un peu poussiéreuse).

nade des habitants; c'est là qu'au déclin du jour on les voit en foule compacte se promener, s'asseoir, écouter la musique militaire qui joue dans un grand kiosque et boire des bebidas helladas dans les nombreux cafés ou cercles.

Après notre dîner nous avons naturellement été aussi sous les palmiers faire tout ce qu'y faisaient les indigènes. Nos têtes d'étrangers étaient l'objet de tous les regards; nos regards avaient encore plus à faire pour dévisager tous ces types curieux.

J'ai fait deux remarques importantes au cours de cette promenade : 1° j'ai été frappé par la grande quantité d'aveugles qui circulent ici en vendant des billets de loterie. Pourquoi tant d'aveugles? Je ne sais. Quant aux billets de loterie, c'est une fureur en Espagne; on en vend partout : au café, au bureau de tabac, chez le perruquier, dans la rue, partout on est importuné par des gens qui veulent absolument vous vendre de ces billets, qui, chose fabuleuse, doivent tous gagner le gros lot; 2° la grande distraction des élégants qui passent leur temps assis à des terrasses de cafés, sans prendre aucune consommation, est de faire cirer leurs souliers toutes les demi-heures, même s'ils n'ont pas fait un seul mouvement entre deux cirages!

Les femmes en mantille sont déjà un peu plus

nombreuses ici qu'à Valence. Heureusement! Elles sont si jolies ainsi. Toutes manient leur inévitable éventail. L'éventail fait partie de l'organisme féminin en Espagne : toutes les Espagnoles de toutes les classes, depuis les plus nobles jusqu'aux plus pauvres, ont un éventail dont elles ne se séparent jamais, dont elles jouent toujours. A l'église, elles prient avec ferveur, elles sont à genoux sur la pierre froide, elles se prosternent et baisent la terre, mais en même temps elles ne cessent de s'éventer; qu'il fasse chaud, qu'il fasse froid, elles s'éventent... nous l'avons constaté hier au sommet de la Sierra; à la promenade, au café où elles vont plus librement qu'en France, chez elles, partout, elles s'éventent. Et quelle dextérité! Quel doigté! L'éventail, comme un papillon, s'ouvre, se ferme, s'agite, se penche, vole du sein à la tête, de la bouche aux yeux, ne reste pas une minute en repos.

Dimanche, 18 août.

Alicante m'a plu énormément.

C'est une ville gaie et animée où il fait chaud, mais avec le tempérament d'une continuelle brise de mer. Ce doit être un délicieux séjour d'hiver pour les malades.

LE QUAI D'ALICANTE

La ville s'étend au bord de la mer entre des collines jaunes et nues et la quadruple rangée de dattiers de son grand quai. Ses maisons sont blanches, avec toits et terrasses; cela lui donne un air mauresque et le sang arabe qu'on perçoit circuler dans les veines de la plupart de ses habitants 'achève l'impression et nous fait voir l'Espagne au temps des Maures.

Les hommes ont le teint basané, les cheveux noirs, le nez sémite et les dents blanches, visibles dans un perpétuel sourire : l'air très arabe.

Les femmes ont des corps onduleux et souples, sont généralement de taille moyenne, ont de grands yeux noirs mourants, mais sont toutes fardées outrageusement.

L'on a une vue d'ensemble très réussie de la ville en allant se promener au bout de la jetée du port : on voit alors toutes ses blanches maisons derrière la raie verte des palmiers et le fond du tableau est formé par les collines jaune uni dominées par le château de *Santa-Barbara*. Tout ce spectacle se détache avec la vigueur particulière à ces climats sur le ciel presque blanc, tranchant avec le bleu sombre de la mer.

Les raisins d'Alicante sont les plus exquis : le *muscat* et *malvoisie* sont des fruits divins. Les vins, si célèbres, qu'ils produisent sont succulents, mais chauds, chauds!

A 4 heures et demie, l'auto est là qui bourdonne devant l'hôtel; il nous faut partir. C'est avec regret que je dis adieu à Alicante. Jamais je ne dirai assez combien cette ville m'a plu; je ne sais quand j'y reviendrai, mais je sais bien que j'y reviendrai!

Les environs immédiats d'Alicante au sud sont arides et désolés. C'est un désert de sable, de dunes et des montagnes pelées. Cette désolation ne manque pas de charme ni de poésie; à cette heure du jour, le soleil à son déclin colore en rose pâle tous les vallonnements de ce pays, qui prend alors des allures irréelles de rêve.

La route, médiocre d'abord, se fait bonne

après quelques kilomètres, mais pour rester toujours très poussiéreuse.

A mesure qu'on s'éloigne la végétation réapparaît : ce sont d'abord quelques vignes, puis oliviers, mûriers et figuiers montrent leurs pauvres feuilles blanchies par le rissolant soleil et la poussière.

Tout à coup, c'est un enchantement! A l'horizon une vaste forêt, mais une forêt à l'aspect bizarre et inhabituel; en s'approchant, on reconnaît des palmiers. C'est la grande forêt d'Elche. Quelques instants après l'auto pénètre au milieu des géants du désert apportés là du fond de l'Afrique par les Maures, il y a plus d'un siècle. La route traverse la forêt dont les arbres immenses nous entourent de toutes parts. Leurs fûts interminables s'élancent gracieusement vers le ciel et leurs têtes altières sont, comme dit le proverbe arabe : « dans le feu du ciel » pendant que leurs pieds baignent dans l'eau bienfaisante.

Ce sont tous des palmiers-dattiers dont l'abondante récolte enrichit la région. Au milieu de la forêt s'élèvent d'endroit en endroit de blanches maisons arabes à toit plat, qui, à cette heure, se teintent de rose. Un véritable coin d'Afrique!

Les innombrables canaux qui amènent l'eau aux palmiers sont bordés de cotonniers et de grenadiers. La route elle-même est suivie par deux haies de grenadiers dont les fruits savoureux nous annoncent la ville merveilleuse que nous verrons dans quelques jours.

ELCHE

Elche s'élève au milieu de la forêt africaine; c'est elle-même une ville africaine dont l'aspect est entièrement arabe et dont les habitants ont le type mauresque singulièrement accusé. Ses petites maisons carrées à minuscules fenêtres semblent arrachées de quelque paysage d'Afrique; ses églises elles-mêmes avec leurs coupoles étincelantes d'azulejos ressemblent à des mosquées. Il est juste d'ajouter que la plupart d'entre elles sont effectivement d'anciens temples mahométans et que les autres ont été construites dans le même style, tellement les goûts de la civilisation mauresque s'étaient puissamment implantés dans ce pays.

La grande forêt cesse un peu après Elche, mais le pays reste riche et bien cultivé. Les palmiers, moins serrés, ne sont plus forêt, mais forment des groupes gracieux qui se détachent sur l'horizon avec une netteté surprenante. C'est incroyable ce qu'en ce pays de lumière les moindres détails du paysage tranchent avec vigueur sur le ciel.

Crevillente est un village qui — si la chose est possible — a un air encore plus arabe qu'Elche. Son groupe de maisons mauresques étagées sur une petite colline au bord d'un rio abrupt et desséché, les majestueux palmiers qui l'entourent et se penchent gracieusement au-dessus des terrasses comme pour y surprendre les ébats des femmes des harems, qui, hélas! ont disparu, sa population bronzée à en être presque noire, et hurlante, et grouillante : tout cela, n'est-ce pas l'Afrique?

Puis, toujours des palmiers et des palmiers.

La route, bien que couverte d'une épaisse couche de poussière, est excellente et l'on roule vite sous les arbres à dattes étonnés de voir passer une voiture mécanique là où défilèrent jadis de brillants cavaliers maures.

On arrive ainsi à *Orihuela*, ville importante bâtie au milieu d'une huerta dont la fécondité fut de tous temps proverbiale ; quand je dis une ville, c'est par respect pour ses 30 000 habitants, car rien ne rappelle la ville ici, ou tout au moins la ville à l'européenne ; c'est un ramassis de maisons agglomérées sans ordre sur une vaste étendue, pressées étroitement les unes contre les autres pour se faire de l'ombre et au milieu desquelles nous dûmes chercher notre chemin pendant plus d'une demi-heure. C'est un réseau inextricable de rues tournant sans cesse. Il nous fallut faire monter un gamin sur l'auto pour nous tirer d'embarras.

Le crépuscule est venu brusquement pendant nos recherches. Il est tout à fait nuit lorsque nous nous retrouvons en rase campagne. C'est l'heure du dîner. Nous établissons notre campement sous le dôme majestueux d'un groupe de grands palmiers, au milieu des aloès aux feuilles redoutables, et nous dînons joyeusement dans un cadre africain, tels les membres d'une caravane saharique dans une oasis. Ne riez pas, la comparaison ne me paraît nullement risquée ; pour qu'elle fût tout à fait exacte, il suffirait simplement de supposer que les 100 chevaux de notre auto se sont transformés en autant de chameaux. Cela ferait même une très respectable caravane !

Après dîner, sous un lumineux clair de lune, nous filions sur l'étape fixée pour le coucher.

Nous arrivions bientôt à *Murcie* (1) où l'*Hotel Universal* nous ouvrit ses portes. Cet hôtel est bon, les chambres y sont vastes et propres, on y mange bien ; il est très cher, comme tous les hôtels d'Espagne, mais comme dans tous les hôtels d'Espagne on a le droit de discuter et de rabattre ce qui dépasse son écorchement normal. C'est une grande bâtisse située sur la place *San-Francisco* et au bord de la *Segura,* rivière qui arrose Murcie avec de l'eau !

Lundi, 19 août.

Nous sommes dans la ville réputée comme la plus chaude de toute l'Espagne : cependant, quand nous descendons de nos chambres, vers 9 heures du matin, nous trouvons la température supportable, bien que le soleil brille dans tout son éclat au ciel sans nuages. Dire qu'il fait frais serait assurément de l'exagération, mais en définitive, on peut très bien se faire à ce climat. Dès

---

(1) ALICANTE — MURCIE : 84 kilomètres. — *Route :* assez bonne, mais poussiéreuse.

qu'on est à l'ombre on est parfaitement bien, surtout qu'on se met naturellement aussi le plus près possible de boissons glacées qui vous aident à faire la nique à Phébus. Par exemple, celui-ci se rattrape vigoureusement lorsqu'on est obligé de s'exposer à ses coups; en plein midi, ses rayons sont de véritables morsures.

Bravant les rigueurs de l'astre du jour, nous allons faire une promenade dans la ville.

Une grande *cathédrale* à façade rococo frappe tout d'abord nos regards; son clocher est une haute tour de 146 mètres de haut qui se voit de très loin dans le pays et dont la forme et l'allure très spéciales caractérisent la ville. Murcie se reconnait de loin, comme Florence, par son clocher.

Nous avons été ensuite dans la vieille église de l'*Ermita de Jésus* pour y voir les fameuses sculptures sur bois, la principale curiosité de Murcie. Ce sont de curieux groupes de statues de bois sculpté et peint qu'on promène dans la ville pour les processions de la semaine sainte et qui ont leur domicile habituel dans les différentes chapelles de l'Ermita de Jésus. Dans toute l'Espagne on fait avant Pâques de très grandes processions qui sont de longs défilés d'emblèmes, bannières, cierges et lampions, et surtout de statues habillées figurant des scènes du Nouveau Testament. Les statues sont généralement de très grande valeur et celles de Murcie sont les plus remarquables de toute l'Espagne. Elles sont horriblement lourdes; l'une d'elles, la Cène, Jésus et ses douze apôtres et la table autour de laquelle ils sont assis, pèse plus de 1 000 kilogrammes; elle exige vingt-huit hommes robustes pour la porter à la procession. Les riches familles de Murcie rivalisent alors de zèle pour orner à grands frais la sainte table qui doit parcourir les rues de leur ville : les fruits les plus exquis et les plus rares, les viandes les plus succulentes, les pâtisseries et les gâteaux les plus compliqués sont déposés devant Jésus et devant ses disciples; le poids de tous ces mets surcharge encore les épaules des porteurs; il est vrai qu'il est d'usage que ceux-ci, après la dislocation de la procession, se partagent entre eux les succulentes victuailles, ce qui fait que, malgré le poids et la fatigue, les habitants de Murcie se battent pour avoir l'honneur de porter la sainte Cène.

C'est étonnant ce qu'on peut obtenir comme effet sculptural avec le bois : une douceur dans les traits, un moelleux, une vérité qu'à mon avis, on retrouve bien plus difficilement dans le marbre. Ces sculptures étant peintes, l'effet est encore plus saisissant, puisque les deux arts, sculpture et peinture se trouvent réunis dans la même œuvre.

Les statues polychromes de Murcie sont l'œuvre du sculpteur espagnol *Zarcillo*, du dix-huitième siècle, l'un des maîtres de la sculpture espagnole et le premier dans son genre.

Le *Malecon* est la principale promenade de la ville : c'est une vaste esplanade qui longe la Segura, d'où l'on a une merveilleuse vue sur la fertile huerta qui entoure Murcie, mais où l'absence d'ombrage se fait réellement par trop sentir et nous fait fuir avant que nos yeux se soient tout à fait rassasiés du beau spectacle qui leur était offert.

N'en déplaise à ses détracteurs, l'Espagne est un pays où l'on voit de belles choses. Cette côte méditerranéenne, que nous suivons presque depuis la frontière, est admirable, l'intérêt y est constamment soutenu. Barcelone, Tarragone, Tortosa, Valence, Alicante, Murcie, toutes ces villes sont curieuses, intéressantes, originales; les pays qui les séparent possèdent un aussi puissant attrait. Depuis notre entrée en Espagne notre curiosité n'a pas eu un instant de repos, nos yeux n'ont pas cessé de regarder; ce qu'on voit dans ce pays est nouveau, le spectacle se renouvelle constamment, on ne se lasse jamais.

Touristes, mes frères, allez visiter la côte méditerranéenne d'Espagne !

Et cependant, c'est bien la région la moins visitée. Pourquoi ? Je n'en sais rien. Je ne sais pourquoi on semble ignorer comme à dessein une aussi belle, aussi riche, aussi intéressante contrée. Quand un voyageur a vu Madrid, Burgos, Séville, Cordoue et Grenade, il s'imagine avoir vu toute l'Espagne et précipitamment retourne en France. Je tiens à déclarer que les régions que nous parcourons depuis notre entrée sont dignes, autant que n'importe quelle autre, d'éveiller l'admiration des touristes et je présume qu'aucune autre ne peut présenter un intérêt aussi soutenu.

Dans un fiacre orné d'un opportun parasol, nous avons été ensuite faire un tour dans la banlieue remplie de jardins aux plantes exotiques ; une quantité de petites maisons carrées au milieu de la verdure, derrière des murs tout blancs... il en sort l'inévitable marmaille, mais ici avec une particularité bien frappante : garçons et filles jusqu'à l'âge d'au moins dix ans sont, pour la plupart, absolument nus... on se croirait chez les sauvages. Sans aucune espèce de honte, ça circule dans sa tenue adamite ; il est vrai qu'ils ont la peau tellement roussie par le soleil que leur

nudité semble presque un particulier accoutre-
ment.

Nous sommes rentrés en ville en passant devant la *Plaza de Toros*, vaste construction de
briques en forme d'arènes romaines.

A 4 heures du soir, nous quittons Murcie, bien
à l'abri du soleil, sous la capote entièrement
déployée.

On traverse la huerta par une belle route bien
entretenue et plantée de grands beaux platanes
sous lesquels l'ombre est complète. Au bout d'un
certain nombre de kilomètres les ombrages cessent, la route reste bonne mais surchargée de
poussière. Cette poussière empêche de marcher
bien vite, et c'est un véritable regret, car ces
routes espagnoles, si droites, si larges, si plates,
permettraient de folles vitesses si leur entretien
était tant soit peu meilleur. Lorsque l'Espagne
aura pris la détermination de recharger ses routes
au cylindre à vapeur et que ses cantonniers tra-
vailleront un peu plus longtemps chaque jour,
son admirable réseau de routes deviendra le plus
beau champ qu'on puisse rêver pour les courses
d'automobiles.

Nous traversons *Totana* sous un soleil brûlant;
nos gosiers sont desséchés par la poussière. Une
espèce de garçon de café traverse la rue devant

l'auto, portant des verres de limonade à la neige sur un plateau; stopper, descendre, enlever plateau et verres des mains du garçon ahuri est l'espace d'un éclair et avant que le pauvre homme soit revenu de sa stupeur les bienheureuses boissons glacées étaient déjà au tréfond de nos estomacs.

A partir de Totana, la poussière devient réellement indiscrète; il y en a tellement qu'elle nous envahit dans la voiture, les roues en soulèvent des tourbillons compacts qui obscurcissent le soleil. Je crois bien qu'en ce moment nous sommes en train de battre le record de toutes les poussières!

On passe à gué de nombreux et larges cours d'eau... de poussière, devrais-je dire, car l'eau y est remplacée par une profondeur de cette sale poudre dans laquelle la voiture s'enfonce jusqu'aux moyeux. Ce sont bien de véritables passages à gué dans lesquels la poussière joue tous les rôles de l'eau.

La belle huerta de Murcie est finie; par ici c'est la campagne aride et desséchée. Les palmiers ont à peu près disparu faute d'eau; la route est bordée de haies énormes de figuiers de Barbarie aux feuilles difformes armées de mille petites pointes. Ces plantes grasses portent des fruits savoureux que nous goûtons avec plaisir. Mais il faut prendre quelques précautions pour ne pas faire connaissance avec la morsure de leurs aiguilles ; l'un de mes passagers, trop pressé de goûter ces fruits, en fit la cuisante expérience.

D'immenses champs de ces figuiers de Barbarie s'étendent le long de la route ; on fait une véritable culture de cet arbre bizarre dont les fruits donnent lieu à un assez important trafic.

La vigne et l'olivier résistent avec une louable ténacité ; tous deux conservent une large place dans la culture de ces terres.

Voici des jardins, voici une nouvelle huerta, de la verdure, de grands palmiers et, au milieu, féeriquement étagée sur la pente d'une colline que domine un grand château mauresque, traversée par le *rio Guadalantin, Lorca,* importante ville maure de 60 000 habitants.

Cette Lorca, cette ville sauvage qui, avec son paysage, semble détachée de la terre d'Afrique et apportée ici, nous est apparue au milieu d'un coucher de soleil colorant le firmament de toutes les couleurs de l'arc-en-ciel fondues en nuances irréelles, qui sembleraient impossibles si on ne les avait vues. Le ciel était bleu, vert, violet, améthyste, par larges tranches successives auxquelles succédaient en se rapprochant du soleil des jaunes, des roses, des grenats d'une chaleur de ton impossible à décrire ; au centre, le fier château mauresque se détachait sur l'incendie d'un rouge d'apothéose.

Plus loin, au delà de la campagne à nouveau dépouillée, voilà enfin *Puerto de Lumbreras,* petit village que nous guettions soigneusement, parce que c'est ici que bifurque notre route. A gauche, nous irions sur Alméria ; à droite c'est la route que nous prenons, c'est la direction de Grenade.

Notre nouvelle route, excellente, pénètre dans les sierras.

Mais il est nuit, il faut dîner. La région sauvage où nous sommes conviendra admirablement pour y établir notre camp.

Vous vous demandez sans doute pourquoi nous prenions aussi souvent nos repas en pleine campagne, au lieu de nous arrêter dans les auberges des villes que nous traversions. Cette question est parfaitement juste et je vais y répondre.

Nous avions pour cela deux raisons : la première était que, souvent, nous ne trouvions pas sur notre chemin des villes assez civilisées pour que leurs fondas ou posadas puissent nous inspirer grande confiance et nous voulions, si possible, garder la bonne opinion que nous nous étions faite jusque-là des hôtels espagnols. La seconde raison était moins péremptoire; après y avoir goûté, cette vie de bohémiens, ces campements en plein air, avaient acquis pour nous un tel charme que nous ne pouvions plus nous en passer. Ah! si nous avions été ainsi moins bien que dans les hôtels, il est probable que ce goût aurait bientôt disparu, mais sous ce ciel si pur, avec les délicieuses et abondantes provisions que nous avions emportées dans la voiture, munis d'eau toujours fraîche dans nos alcarazas, que pouvions-nous désirer de mieux et quel hôtel eût pu mieux nous satisfaire?

Nous avons établi notre campement sur un petit monticule qui domine la route; la table... oui, nous avons une table et un service complet... la table, dis-je, est dressée, l'argenterie et le cristal (tout ça en aluminium) étincèlent aux lumières déversées par les lanternes de l'auto et chacun prend part au festin.

Des muletiers qui passent avec leurs *recuas* de mules en chantant de lentes mélopées au rythme arabe s'interrompent brusquement, ahuris au spectacle qui s'offre à leur vue, s'arrêtent quelques instants, puis reprennent leur chemin en hochant la tête, pas très sûrs d'avoir bien vu et se croyant sous le coup d'une hallucination.

Les choses les meilleures doivent avoir une fin, surtout les dîners en plein air lorsqu'on a encore une assez longue route à faire et qu'on ne sait ce que vous réserve le chemin inconnu. A nouveau donc, les explosions de l'auto troublèrent le silence de ces lieux déserts et nous reprîmes notre route.

Longtemps, on côtoie un large torrent à sec dans un paysage aride et désert; peu à peu la route se met à monter, insensiblement d'abord, puis par rampes qui se font plus fortes à mesure qu'on avance. On a abandonné le torrent desséché, on tourne et retourne dans les bas échelons des sierras aux maigres végétations.

Nous passons ainsi à *Velez Rubio* et nous montons toujours. A la chaleur de tout à l'heure a fait place une douce fraîcheur : Ah ! qu'il fait bon rouler ainsi dans la nuit claire !

Nous voici enfin en *Andalousie*. A Velez Rubio nous avons déjà reconnu un notable changement dans les costumes des gens et remarqué les grilles ouvragées et bombées des fenêtres. Peu après cette ville on entre dans un paysage grandiose et sauvage : la route suit la vallée du *Chirivel,* bornée à droite et à gauche par deux hautes sierras dont les sommets se découpent nettement sous la lumière de la lune; ce sont, à droite, la *sierra de Cullar*, à gauche, la *sierra de las Estancias*. Longtemps, on file ainsi entre les grandes montagnes, sans rencontrer âme qui vive, en plein désert et l'on va vite, car la route est bonne et la lune éclaire la campagne comme s'il faisait jour.

La route si bonne que nous suivons est toute nouvelle, trop nouvelle, car elle n'est pas entiè- rement achevée : brusquement elle cesse en plein désert. Perplexe, je descends de voiture, je vais inspecter le sol : à la bonne route qui a fini là fait suite un mauvais chemin sur lequel on peut cependant rouler; notre carte détaillée nous con- firme la chose par une ligne pointillée qui prend un peu avant Cullar de Baza et qui continue assez longtemps après. En avant donc sur le mauvais chemin! En palier celui-ci peut encore passer, mais voici que lui prend la fantaisie de descendre, alors il ne descend pas, il tombe et nous tombons avec lui au milieu d'une espèce de village de troglodytes, dans lequel il y a autant d'habitations creusées dans le roc et dans la terre que de maisons. Ce village est *Cullar de Baza*.

Cullar de Baza est bien le village le plus sauvage que j'aie jamais vu, au milieu d'une région désertique, au fond d'un pays perdu;

c'est à peine si ses habitants ont l'air d'être civilisés. Eh! bien, Cullar de Baza est éclairé à la
lumière électrique! Dans la suite, il m'a été
donné de remarquer très fréquemment qu'en
Espagne et plus particulièrement en Andalousie, la province cependant sauvage par excellence, on fait un emploi presque général de la
lumière électrique. Je dirai même qu'on en
abuse tellement que, dans le plus petit village, on
voit une profusion de lampes à ampoules qui
brûlent toute la nuit, dans les rues et dans les
maisons. Et pourtant les chutes d'eau sont rares ;
dans presque tous les cas, cette électricité doit
être faite avec des machines à vapeur et coûter
fort cher.

Le vieux chemin continue tant bien que mal,
surtout mal. Mais ses fantaisies sont nombreuses.
Voici d'abord un caniveau, mais un caniveau si
profond qu'il barre complètement la route ; tout
le monde descend et chacun se met au travail ;
les uns vont chercher des pierres, les autres de
la terre, moi je m'occupe à combler le fâcheux
canal à l'endroit où devront passer les roues,
enfin, après une demi-heure de labeur, nous franchissons ce mauvais pas.

A peine 100 mètres plus loin, voilà le chemin
qui plonge dans une rivière qui a de l'eau. Pru-

demment, je vais reconnaître le gué : il y a 50 à 60 centimètres d'eau, nous pourrons passer. Le chemin descend à pic la berge de la rivière, disparaît sous l'eau, réapparaît pour regrimper à pic l'autre berge. C'est une chute dans l'eau suivie d'une escalade; ça produit un certain effet, surtout en pleine nuit. La lune vient de se cacher!

Un peu plus loin autre caniveau d'un nouveau genre. Imaginez-vous une tranchée creusée au milieu du chemin, avec deux rebords pour maintenir l'eau; la tranchée a 20 centimètres de profondeur et les deux dos d'âne chacun 30 centimètres de haut. Quand les roues avant sont descendues dans le caniveau la tôlerie inférieure de l'auto touche sur les rebords et sous peine d'avaries graves il est tout à fait impossible d'avancer. Il fallut reculer et se remettre au travail une seconde fois, creuser le sol, abattre les rebords, combler la tranchée et ça n'allait pas vite, car nous n'avions pas affaire à de la terre meuble, mais bien à du remblai durci, aussi résistant que la pierre. Au bout de plus d'une demi-heure nous passâmes enfin.

Puis ce sont des montées et des descentes qui varient entre 20 et 25 pour 100, des virages invraisemblables, des endroits où le chemin se perd dans la lande et semble finir là. C'est la vieille

route espagnole dans toute son horreur, la route
d'il y a cinquante ans, décrite par Théophile Gautier et heureusement à peu près disparue aujour-
d'hui. Nous n'avons trouvé, en effet, que deux
exemples de ces chemins en Espagne, et sur de
courts trajets.

Voici enfin la dernière farce que nous réser-
vait le vieux chemin : il arrive au bord du confluent d'une série de cinq ou six petits rios qui,
par leur réunion forment *la Guadiana menor*; ces
divers rios non encore réunis tiennent un espace
de terrain considérable, presque un kilomètre.
Vous croyez peut-être que le chemin se serait
détourné un peu pour traverser d'un bloc tous les
rios, après le confluent, c'est-à-dire par un gué
de largeur normale? Pas du tout, la route vous
plante là au bord du premier rio et il faut les traverser tous successivement... les rares charrettes
adoptent chacune un itinéraire différent au milieu
de ce dédale, il y a plus de vingt traces de roues,
laquelle suivre? Il faut s'engager au petit bonheur et circuler en aveugles au milieu des sables,
de l'eau, des broussailles et de la boue. On finit
par atteindre la terre ferme après s'être cru
perdu vingt fois. Mais là, où est le chemin? Naturellement nous n'avons pu arriver juste à l'endroit où il reprend... il faut donc le chercher le

long de la berge. Enfin, le voilà, plus de 100 mètres en amont, quelques sauts encore dans le sable et nous roulons sur le sale chemin, qui nous semble un lit de roses à côté des lits des rios.

Non loin, la nouvelle route reprend. Depuis quelques kilomètres je l'apercevais sur notre gauche, mais inachevée, impraticable encore, et ce qui m'avait le plus chagriné, c'est que pendant nos errements dans les lits des rios, j'avais entrevu un instant un magnifique pont en construction qui lui est destiné. Enfin ce pont et cette route, bientôt achevés, éviteront aux automobilistes qui passeront dans quelque temps la désagréable traversée des sources de la Guadiana Menor!

Désormais en bonne route, nous atteignons rapidement *Baza*, l'étape : il est une heure du matin.

Baza est une petite ville d'environ dix mille habitants; le choix du gîte sera vite fait, il n'y a qu'une auberge : *la fonda Granadina*. Voilà enfin une véritable auberge andalouse, sale, simple, rudimentaire, où l'on mange mal et où l'on dort encore moins bien. On nous coucha dans des chambres où pendant une bonne partie de la nuit se livra une bataille acharnée entre les membres de notre caravane, d'une part, et d'autre part les puces de l'hôtel que nous prétendions déloger. La victoire, longtemps disputée, resta finalement entre les... pattes des puces.

Ah ! j'allais oublier de parler de la remise qu'on mit à notre disposition pour loger l'auto ; elle était vaste, la porte en était haute et large, mais au milieu de l'ouverture il y avait une pierre, scellée dans le sol, haute de plus de 30 centimètres, l'auto dut passer la nuit dehors, devant la porte de sa remise !

Je me souviendrai longtemps de Baza (1).

Mardi, 20 août.

Notre sommeil avait été rudimentaire, notre déjeuner de midi tout aussi rudimentaire. Les puces avaient fait court le premier, le second était immangeable. On nous servit une *tortilla* (omelette) aux champignons, qui était certainement très proche parente des omelettes emplumées de don Quichotte, et une viande assez semblable à celle que j'avais vu pétrir lentement

---

(1) MURCIE — BAZA : 176 kilomètres. — *Route :* assez bonne en général, mais extrêmement poussiéreuse de Murcie à Puerto de Lumbreras. Bonne de Puerto de Lumbreras à Cullar de Baza. Vieille route dangereuse pendant 6 à 7 kilomètres après Cullar, caniveaux, deux grands gués. Bonne en arrivant à Baza.

par les lions du jardin zoologique de Barcelone.

Nous avons quitté sans regrets cet inhospitalier pays, à 3 heures du soir.

Dès la sortie de Baza la route s'élève vivement au flanc d'une montagne calcaire totalement aride. La vue embrasse la petite ville noyée dans son oasis au milieu d'une plaine désolée. Puis on atteint les hauts plateaux sur lesquels on roule longuement; ces régions élevées sont aussi arides que la plaine d'où nous avons surgi. La route se poursuit, assez bonne, en ligne généralement droite, faisant seulement de temps en temps de longs crochets pour descendre dans d'étroites vallées où se réfugie la seule végétation de ces lieux. A peu près pas de maisons, sauf dans la roche quelques cavernes habitées par des gitanos.

On descend enfin dans la large vallée où coule le *rio Guadix*. Le paysage change brusquement d'aspect, d'aride et jaune il devient verdoyant et cultivé, de désert il se fait habité.

Guadix, au bord de la rivière du même nom, est joliment étagée au pied des hautes sierras dans sa verdoyante vallée. Chaque fois que dans ces régions on rencontre de la verdure, on la trouve plus fraîche, plus verte qu'ailleurs par suite du contraste avec la désolation des déserts d'où l'on sort.

Guadix compte environ 10 000 habitants. La route ne pénètre pas dans la ville, qu'elle laisse à mi-coteau mais qu'on aperçoit longtemps surmontée de son *Alcazaba* mauresque.

De Guadix à Grenade la route moderne n'existe pas encore, c'est l'ancienne route des diligences avec sa menace perpétuelle du terrible imprévu. Cette route nous a donné beaucoup de mal et si tous les kilomètres avaient été semés d'autant de difficultés que celles que nous avons dû vaincre pendant les 10 à 12 qui ont suivi Guadix, il nous aurait fallu plusieurs jours pour franchir les 55 kilomètres qui séparent cette ville de Grenade.

Tant qu'on se trouve dans la vallée du rio Guadix, la route est barrée à chaque pas par de larges et profonds caniveaux servant à l'arrosage des campagnes. Tous ces caniveaux, ou mieux ces fossés qui traversent le chemin, sont difficiles à franchir ; l'un d'eux, qui se trouvait au sommet d'une véritable arête, nous a d'abord paru infranchissable et, en effet, aux premières tentatives l'insuccès fut complet : le volant du moteur buttait contre l'arête. Il nous fallut travailler comme cette nuit après Cullar de Baza, mais nous nous étions munis d'une pioche ; ce ne fut qu'après une heure de travaux savants de terrassements qu'il nous fut possible de passer de l'autre côté de l'obstacle.

Nous trouvâmes encore deux autres fossés qui exigèrent des travaux du même genre.

Nous avons rencontré ensuite une large rivière qu'il fallut passer à gué, mais ce gué avait cela de bien spécial qu'au lieu de traverser le lit du cours d'eau, il le suivait en longueur, si bien que nous suivîmes ainsi le fil de l'eau, pendant près d'un kilomètre. L'auto n'était plus une voiture, mais bien un élégant yacht qui naviguait en un fleuve et qui se balançait gracieusement au gré des vagues. Enfin notre navigation prit fin et nous remontâmes sur l'autre rive.

On atteint alors une contrée absolument désolée : des montagnes de terres ou de calcaire rougeâtre, nues, où ne poussent que quelques rares figuiers de Barbarie et d'où la vie semble s'être complètement retirée. Eh bien! non, cette région est cependant peuplée : de tous côtés on n'aperçoit que des trous dans les parois des montagnes et de ces trous le bruit de l'auto fit sortir une nuée de sauvages, grands et petits, mâles et femelles ; c'étaient des *gitanos*. J'arrêtai ma voiture dans cet étrange endroit; en un clin d'œil nous fûmes entourés d'un grand nombre d'exemplaires de cette race dont on ne connaît guère les origines, qui s'est essaimée sur divers points d'Europe, qui est restée étroitement groupée sur chacun de ces points d'élection et qui s'est gardée intacte de tout mélange de sang étranger.

Ce sont de beaux humains, tous très bronzés; les hommes ont un air mâle, les femmes de splendides yeux qui font plaisir à voir. Ils n'étaient nullement farouches, leurs relations avec nous pendant notre courte entrevue furent essentiellement cordiales. Mais l'odeur particulière à leur race flaire désagréablement à nos narines septentrionales : nous les quittâmes.

Ces gitanos des cavernes sont une des grandes curiosités de l'Espagne; plus tard on nous en montra dans la banlieue de Grenade, mais les plus intéressants de tous sont ceux que nous venions de voir, dans ce paysage sauvage, dans ce coin ignoré, au fond des montagnes.

Nous sommes dans *la sierra de Jarana*. Après avoir été navigateurs nous nous transformons en aéronautes : l'auto, comme un ballon bien plus que comme une voiture, s'élève rapidement le long des murailles abruptes qui forment les flancs de cette sierra. La comparaison est juste : sur cette route invraisemblable qui monte presque sans interruption à 25 pour 100, on ne peut dire qu'on roule, tellement on a une im-

pression nette d'ascension; on s'élève littéralement dans les airs, on se sent soulevé verticale-
ment, on monte, on monte, on monte. Mais les
caniveaux ont heureusement disparu, le sol de la
route est excellent, la machine s'élève en ronron-
nant comme un gros bourdon.

Jusqu'à Grenade, absence complète d'agglo-
mérations notables, c'est le désert des hautes
sierras, c'est la nature grandiose et sauvage dans
toute l'acception du mot. Comme le soleil dispa-
raissait derrière une arrête vive en lançant mille
rayons dorés, j'arrêtai l'auto et nous descendions
nous installer dans les rocs pour dîner. L'inépuisable garde-manger de la voiture assura de façon
aussi parfaite que d'habitude le menu de ce
repas; au dessert, plusieurs bouteilles de champagne lancèrent aux échos des montagnes leurs
joyeuses détonations, très certainement inhabituelles en ces lieux désolés qui semblent appar-
tenir à l'empire de la Mort.

Cette traversée des grandes sierras du sud produit un effet saisissant... au clair de lune l'impression est plus frappante encore! Après dîner,
notre marche reprise, nous voilà escaladant de
nouveau et toujours escaladant. La route procède
comme les kangourous, par bonds. Le sol est
heureusement parfait, il le sera jusqu'à Grenade.

On suit d'étroites vallées, très encaissées entre des parois à pic ; suivant les caprices du chemin, on est tantôt à mi-hauteur, tantôt dans le fond du gouffre avec là-haut, tout là-haut, un tout petit coin du ciel bleu, ou bien on s'accroche au sommet des à-pic pendant que dans le trou noir gronde sourdement le torrent. Il y a de l'eau par là, toujours de l'eau dans ces hautes montagnes, il fait frais, il fait bon. De temps en temps, sur notre gauche, une coupée dans les falaises qui laisse voir un grand triangle de ciel épinglé d'étoiles ou l'un des sommets de la *sierra Nevada* avec son diadème de neiges éternelles.

Une fois la route éprouve le besoin de changer de côté : vite elle se précipite au fond du ravin, traverse à gué le torrent et regrimpe au flanc de l'autre paroi. Ce gué, bien qu'en plein été, avait encore beaucoup d'eau… il doit être absolument impossible de passer là après la moindre pluie.

Enfin voici la descente sur Grenade. Mon Dieu ! que ces anciens Espagnols qui construisirent cette ancienne route aimaient donc les pentes raides ! Ce n'est plus une route, c'est une échelle. Ah ! il ne faut pas longtemps pour être vidé des hauteurs où nous venons d'évoluer, dans la ville des derniers rois maures ! Il était 10 heures du soir lorsque, trouvant enfin un sol horizontal, un joli boulevard tout neuf, nous stoppions à *Grenade* (1) devant l'*Hôtel de Paris*.

L'Hôtel de Paris est neuf, il est situé dans un quartier neuf comme lui, mais tout près du centre de la ville. Il donne sur un agréable boulevard et s'adosse à l'immense cathédrale des rois catholiques. Il est parfait sous tous les rapports, sauf pour ce qui concerne le service. Ah ! pour le service, n'oublions pas que nous sommes en Andalousie et que les Andalous sont les gens les plus fainéants de la terre ! En arrivant devant l'hôtel, la foule des domestiques accourt... et regarde mon mécanicien descendre nos bagages de la voiture ; l'un d'eux, complaisant, lui indique où il faut les déposer ; enfin, comme je m'impatiente, le même, toujours aimable, me suggère que je pourrais bien aider un peu à mon mécanicien ! Je n'ai pas eu la force de me fâcher.

Mercredi, 21 août.

Le premier mouvement que fait le touriste en arrivant à Grenade est d'aller visiter l'*Alhambra*.

---

(1) BAZA — GRENADE : 104 kilomètres. — *Route :* bonne de Baza à Guadix. Après Guadix dangereux caniveaux et deux gués. Excellente dans la sierra de Jarana, mais pentes ultra-rapides et un gué.

Ce fut aussi ce que nous fîmes avant toute autre chose.

Le voyageur qui a entendu proclamer maintes fois les splendeurs de l'Alhambra est bien surpris de constater que ce palais, dont les merveilles ont été comparées aux féeriques descriptions des *Mille et Une Nuits,* a l'air extérieurement d'un vieux château fort se dressant au sommet d'une colline boisée.

Cette grosse forteresse aux murs jaunes, qui sont comme dorés par le soleil et les ans, qui n'a — vue de la ville — que le mérite de couronner pittoresquement sa colline, est intérieurement une merveille de décoration poussée aux dernières limites de la finesse et du goût. C'est un écrin grossier cachant la plus riche et la plus belle collection de pierres précieuses !

Il y a malheureusement peu de gens qui connaissent l'Alhambra. Car il n'y a guère plus d'un demi-siècle qu'on a commmencé à lui rendre la justice qui lui était due et qu'un courant définitif d'attention s'est porté sur le monument le plus précieux qui nous reste de la civilisation arabe, la plus puissante et la plus développée qu'ait jamais connue la chaude Ibérie.

Les maisons de la ville s'arrêtent au pied d'une colline aux flancs couverts de verdure et dont le sommet, étalé en large plateau, est entièrement occupé par l'*Alhambra*. D'un côté la pente s'incurve en un étroit vallon rempli de grands arbres et remonte aussitôt à l'autre colline supportant *les Tours Vermeilles*. Du côté qui longe la vallée du *Darro* la paroi est à peu près à pic : les murs du palais arabe bordent immédiatement le précipice et dominent de très haut toute la ville. De Grenade on aperçoit toujours l'Alhambra sur sa colline et suivant l'endroit de la ville où l'on se trouve, on a une vue différente du pittoresque palais. De là-haut on jouit d'une admirable vue sur Grenade.

C'est par le vallon ombreux qui se cache entre la colline de l'Alhambra et celles des Tours Vermeilles qu'on monte au palais des califes.

De la *plaza Nueva* part une étroite rue, *la calle de Gomeres*, dont la pente roide, entre de curieuses maisons à balcons grillés, conduit à la Porte des Grenades *(Puerta de las Granadas)*. Cette porte doit son nom à trois grenades sculptées à sa partie supérieure ; elle fut édifiée par les catholiques. Elle produit grand effet, car, dès qu'on a franchi son seuil, on débouche dans la verdure et les frais ombrages qui remplissent le vallon. Ici, c'est un enchantement pour le voyageur qui, hier, traversait d'arides et brûlants déserts, et se trouve subitement dans cette oasis.

La fraîcheur règne constamment sous ces ombrages; les arbres qui, serrés, croissent dans le val, ont été jusqu'au niveau des collines chercher leur part de soleil, de sorte qu'ils s'élèvent à de prodigieuses hauteurs et procurent au promeneur, en même temps que la fraîcheur, un calme et un silence absolus. Des ruisseaux innombrables courent rapides sur la pente et bruissent dans leurs rigoles de cailloux pointus. Des feuilles, de la verdure, de l'ombre, de l'eau à profusion dans un pays torride, voilà le cadre qu'avaient créé les roi maures pour entourer leur palais. De toutes parts on voit jaillir des sources murmurantes, l'eau coule sans cesse sous la feuillée... mais je crois que je me répète... non, je raconte ce que j'ai vu.

On arrive ainsi devant la fontaine de Charles-Quint, qui est un très gracieux édifice Renaissance construit par *Pedro Machuca,* le même artiste qui érigea la porte des Grenades sous laquelle nous avons dû passer tout à l'heure. L'empereur hispano-germanique affectionnait, paraît-il, bien fort l'Alhambra, car nous verrons ses traces à chaque pas. Il voulait embellir et aménager pour lui-même l'ancien séjour des princes maures. Sa sollicitude ne produisit malheureusement pas troujours d'heureux effets et les merveilles arabes eussent gagné à rester uniques et pures en leur splendeur.

Nous voici maintenant à côté des murailles de l'Alhambra ; laissant à gauche *la Porte de la Justice,* grande tour d'aspect complètement féodal, qui fut construite sous le sultan Abdul Hadjiadj en 1348 et qui était la porte extérieure du palais sous laquelle les rois maures auraient rendu la justice, nous arrivons sur *la Plaza de las algives,* devant la façade du palais mauresque.

Au milieu de la place il y a un large puits communiquant avec des citernes et auprès duquel un préposé vend aux touristes le traditionnel verre d'eau de l'Alhambra : cette eau, glacée, est effectivement d'un goût très agréable.

En fait de palais arabe, la première chose qui frappe les regards en arrivant sur cette place est la façade imposante du palais de Charles-Quint. L'empereur qui, comme je l'ai dit, affectionnait l'Alhambra, voulut s'y construire un palais à lui. Pour cela, il démolit une partie — heureusement peu importante — des dépendances arabes et fit édifier un vaste bâtiment carré. Le palais de Charles-Quint n'est pas à sa place ici, il jure, il choque. Il faut cependant avouer qu'exécuté suivant les admirables lignes de la renaissance italienne, il constitue un pur chef-d'œuvre de goût, de force et d'harmonie. L'intérieur est disposé en immense cour circulaire, bordée d'une élégante colonnade, au milieu de laquelle devaient se donner des tournois et surtout des courses de taureaux. Il est inachevé, la toiture manque. Ce fut encore le même Pedro Machuca qui fournit les plans du palais, mais le principal artisan en a été le grand artiste qui avait nom *Alonso Berruguete*.

La façade du palais arabe se remarque à peine. Les habitations mauresques n'avaient aucune décoration extérieure : des murs nus, crépis, sans fenêtres ; tout le luxe était réservé pour l'intérieur, toutes les ouvertures donnaient sur les élégants patios. Quand on pénètre, l'impression, plus subite, n'en est que plus forte.

D'éminents écrivains ont fait de l'Alhambra de Grenade des descriptions après lesquelles il n'y a rien à dire. Lisez surtout Théophile Gautier et vous connaîtrez le palais aussi bien que moi. Après eux, après lui surtout, je ne me permettrais pas d'en essayer une nouvelle description, si timide puisse-t-elle être. Mais je voudrais dire cependant ce que j'ai éprouvé en parcourant cette succession de merveilles.

C'est d'abord la *Cour des Myrtes* avec son

immense bassin pour le bain des odalisques : les odalisques devaient obligatoirement savoir nager, car le bassin a 4 mètres de profondeur. L'eau verte chatoie dans le marbre et les myrtes qui l'entourent verdissent encore l'eau de leurs reflets. C'est la célèbre *Cour des Lions* avec son entourage de fluettes colonnettes de marbre; au milieu, la Fontaine des Lions produit un effet bizarre. Je trouve que ces lions ressemblent un peu trop à des chiens : ce sont des sculptures d'origine phénicienne qui furent trouvées par les Arabes dans des fouilles et adaptées par eux telles quelles à leur fontaine.

Autour de ces cours, des arcs arabes, finement ciselés, travaillés avec une quantité de détails et de minuties qui tiennent du prodige, à jour comme de la dentelle, donnent accès en des salles de féerie.

La *Salle des Abencérages*, la *Salle de la Justice*, la *Salle des Ambassadeurs*, dans la grosse *Tour de Comares*, la *Salle des Deux-Sœurs*, les différentes salles des bains, l'ancienne mosquée, la *Salle de los Mocarabes*, le *Mirador de la Favorite* avec ses trois délicieuses fenêtres d'où l'on a une si admirable vue sur Grenade, tout en bas, *le Boudoir de la Reine,...* tout cela est d'un palais de fées.

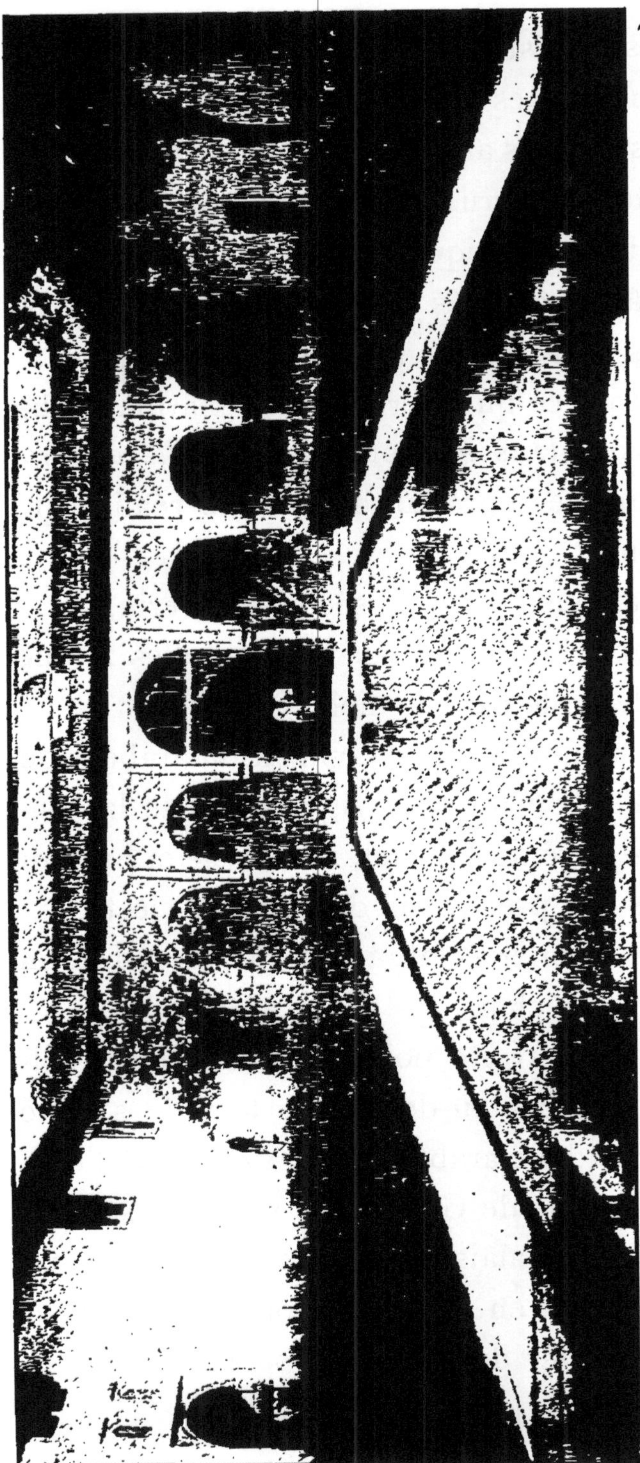

ALHAMBRA DE GRENADE, COUR DES MYRTES

Ciselures de stuc et de marbre, fines arabesques, mosaïques aux tons d'émail inimitables, porcelaines vernies aux chaudes nuances fondues, bois sculptés et incrustés de nacre, plafonds travaillés en microscopiques détails, alvéoles, pendentifs, plâtres ajourés et brodés à l'infini, couleurs vives qui semblent peintes d'hier, bleu, rouge, or, tout ce que la riche imagination arabe a pu produire dans les contes des *Mille et Une Nuits* se trouve reproduit là en une réalité qui tient du songe.

On croirait visiter un musée d'orfèvrerie.

L'Alhambra est un palais de dentelles... une fête de la dentelle dans le ciel!

C'est le summum de la civilisation arabe, non pas la civilisation forte et vigoureuse de la conquête, mais le génie sensuel, recherché et brillant de l'apogée qui précède la décadence; c'est l'expression du dernier éclat, toujours plus vif, d'un peuple qui va déchoir.

Au bout de l'étroite pointe qui termine la colline de l'Alhambra au-dessus de la ville s'élève l'ancienne citadelle arabe : l'*Alcazaba,* d'où l'on a la vue d'ensemble de Grenade la plus réussie. On tourne le dos au palais, la ville se déroule comme un plan en relief, en avant, à droite et à gauche. L'extrémité effilée de la colline où nous sommes entre comme un éperon au cœur de la cité. A notre gauche, le val ombreux par lequel nous sommes montés ici ; il est barré à son extrémité inférieure par une muraille crénelée, mauresque, aux tons fauves de pain doré, qui relie l'Alcazaba aux Tours Vermeilles et qui est percée de la Porte des Grenades. A gauche toujours, de l'autre côté du vallon, s'élève une nouvelle colline qui s'avance en pointe comme la nôtre au-dessus des maisons et dont le bout est couronné par les Tours Vermeilles, *Torres Bermejas,* grande construction mauresque, ancien château fort. Au delà, descendant et s'étalant ensuite dans la plaine, la foule des maisons du quartier d'*Antequeruela,* construit par les Maures qui se réfugièrent à Grenade après la chute des autres empires arabes d'Espagne. A notre droite, d'abord à pic nous surplombons l'étroite vallée où coule le *rio Darro,* la rivière bienfaisante de Grenade dont les eaux dérivées plus haut dans les montagnes et canalisées alimentent fontaines et ruisselets de l'Alhambra et de la ville ; de l'autre côté de la rivière, nouvelle colline couverte de maisons : l'*Albaycin,* l'ancienne ville mauresque. Enfin, devant nous, dominée par la masse éléphantesque de la cathédrale, la ville de la plaine, la Grenade proprement dite, dont les maisons se soudent à droite à celles de l'Albaycin et à gauche à celles d'Antequeruela.

Tout cela, si près, apparaît nettement à nos yeux, les rues découpent les pâtés de maisons qui ressortent en relief, les places ombragées tranchent en vert au milieu du rouge des toitures, le rio Darro, couvert sur un long parcours, disparaît avant la *plaza Nueva* pour ne réapparaître qu'après l'*Alameda* et bientôt se jeter dans le *rio Génil* émergeant de sa verdoyante vallée.

Grenade est admirablement située au pied des derniers contreforts des hautes sierras du sud, dont les cimes neigeuses et les rivières toujours vives lui assurent en tous temps une agréable fraîcheur. Devant elle s'étend une vaste plaine, *la Véga*, riche et fertile, grande oasis au seuil du désert andalou.

La fertilité de la Véga est artificiellement entretenue par une irrigation bien comprise, bienfait posthume des Maures disparus. Comme dans les campagnes de Valence, d'Alicante, de Murcie, comme dans toutes les riches huertas qui entourent les villes de la côte méditerranéenne, l'irrigation des terres est réglée méthodiquement à son de cloche. La Tour du Guet, *Torre de la Vela,* située dans l'Alcazaba, porte à son sommet une énorme cloche de 12 tonnes, la *Campana de la Vela,* qui sonne les heures d'irrigation de la Véga.

Derrière l'Alhambra, après une légère dépression, sur les pentes plus élevées qui montent au *Silla del Moro* (1) s'élève le tout gracieux *Palais du Généralife* (2). C'était une résidence d'été des sultans et surtout des sultanes. C'est là que la légende place les amoureux rendez-vous de la favorite de Boabdil, le dernier des rois maures. La décoration intérieure du Généralife rappelle les splendeurs des salles de l'Alhambra, mais ici tout est plus coquet, plus mignard, c'est l'élégante maison de campagne et non plus l'imposant et fastueux palais officiel. Des fenêtres finement ciselées procurent une vue inoubliable : l'abîme du ravin du Darro, l'Albaycin, les collines percées de trous de gitanos, Grenade et ses incomparables maisons à miradores, au loin l'immense Véga, voilà ce qu'on voit à ses pieds avec la netteté caractéristisque de l'atmosphère andalouse. Et sur la gauche, en se penchant un peu, on

---

(1) Éminence que couronne une ancienne mosquée transformée en chapelle.

(2) En arabe *Djennat al Rif* ou maison de l'Architecte. Ce palais aurait été construit par l'un des architectes de l'Alhambra pour son usage personnel, puis aurait fait retour à la couronne.

découvre l'Alhambra qui, un peu en contre-bas, apparaît en entier sur sa colline.

Mais le grand charme, le charme reposant et doux, du Généralife est procuré par ses jardins. N'oublions pas que nous sommes ici dans une maison de campagne où les arbres et les plantes doivent jouer le premier rôle. Le parc et les jardins sont encore, paraît-il, tels qu'ils étaient au temps des Maures; en parcourant les grandes allées ombreuses, des bouffées de souvenirs de légende vous montent au cerveau... à chaque tournant on s'attend à voir apparaître la silhouette gracieuse d'une odalisque, la tête entourée de gaze, ou la forte carrure d'un Maure bronzé et barbu sous le burnous blanc. Tout ce que l'imagination mauresque a pu rêver en matière de jardins s'est donné ici librement carrière : allées bordées de véritables murailles de cyprès, de carrés de buis taillés comme de la pierre, escaliers sculptés, grottes, rocailles, terrasses, immense bassin reposant sous les fleurs et les jets d'eau entre-croisés, cascades, infinie variété de plantes rares et d'arbres précieux couvrant de leur ombre calme ce séjour de la paix et du repos le plus raffiné.

Au cours de la promenade dans ces méandres on passe devant une petite grotte où bruissent vivement des eaux bouillonnantes : c'est l'arrivée des eaux captées par les Maures dans la sierra pour le bien-être de ces lieux.

Notre visite à l'Alhambra et au Généralife avait duré des heures et des heures. Nous ne pouvions quitter ces palais de rêve, si dissemblables de ce que nous avions connu jusqu'ici dans nos différents voyages mais si charmants, si coquets, si frêles et si menus. Il nous fallut cependant redescendre à Grenade que nous ne connaissions pas encore et où nous avions beaucoup à voir.

Confortablement installés dans un landau traîné par deux vigoureux petits chevaux andalous, nous avons été parcourir les ruelles tortueuses de l'Albaycin. C'est la Grenade primitive ; l'Albaycin vit dès la plus haute antiquité un village couronner son faîte ; d'abord ibère, puis romain, il est aujourd'hui à peu près démontré que ce village s'appelait *Garnata,* d'où est venu Grenade, connaissance qui fait disparaître la légende donnant aux Maures le parrainage de la ville ; on a, en effet, longtemps prétendu que les Arabes l'avaient ainsi baptisée pour la première fois par suite de la vague ressemblance que présentent avec les quartiers ouverts d'une grenade les trois collines de l'Albaycin, de l'Alhambra et des Tours Vermeilles. Il est certain que pour une âme quelque peu poétique, la ville, avec ses toits rouges, sa verdure et ses trois collines vives aux flancs roses, rappelle assez à l'esprit une grenade que la maturité vient de faire éclater; malheureusement cette comparaison arrive trop tard, puisque la ville s'appelait déjà ainsi à une époque où rien ne pouvait justifier le rapprochement.

C'est aussi sur l'Albaycin que s'établirent d'abord les Arabes, c'est là que leurs premiers princes eurent leur palais, car ce ne fut que plus tard qu'ils construisirent l'Alhambra. C'est dans l'Albaycin que l'aristocratie mauresque habita constamment; ce fut donc aussi la véritable Grenade des Maures.

L'Albaycin est encore, sur plusieurs côtés, entouré par les anciens murs arabes et conserve des quantités de maisons édifiées au temps des califes et qu'on reconnaît de suite à leur architecture typique. On dirait que ces maisons ont été construites hier : ce climat tout de soleil, où l'humidité n'arrive jamais à saturer complètement l'air, est essentiellement conservateur; les maisons ne disparaissent qu'à la condition qu'on les démolisse; pour démolir il faut travailler et l'on sait que l'Andalou professe pour le travail la plus religieuse des horreurs. Le soleil dore les vieilles constructions et leur donne des tons chauds, des vivacités de couleurs dont on ne peut se faire une idée; sous ses perpétuels rayons les maisons les moins solides durent éternellement. Aussi voit-on nombre de villes et de villages espagnols qui paraissent de construction assez récente, qui cependant ont l'air absolument arabe et qui arabes sont réellement, car ce sont les maisons des anciens Maures que le soleil a si bien conservées jusqu'à nous.

Derrière l'Albaycin, un chemin passant devant la *Plaza de toros* conduit au *couvent de la Chartreuse,* célèbre par la richesse inouïe de sa décoration, mais aussi par le mauvais goût qui y présida.

En voyageurs consciencieux nous nous fimes conduire auprès des gitanos qui habitent des cavernes parmi les figuiers de Barbarie, au flanc de la colline qui borde le Darro en remontant après l'Albaycin. Ces gitanos de Grenade, civilisés, apprêtés, habitués à recevoir les étrangers, sont en somme assez peu intéressants; ce sont des bohémiens de foire. Ceux que nous visitâmes après Guadix, dans la Jarana, libres et sauvages, vivant encore comme il y a des siècles, étaient autrement curieux.

A la fin de la journée nous nous répandîmes dans la ville, au moment où la circulation se fait intense et où l'on peut le mieux faire ses petites observations.

La Grenade moderne, la ville des rois catholiques, s'étend dans la plaine au bas des trois collines. Son centre est autour de l'immense cathédrale ; c'est là que sont les rues les plus animées, le milieu du mouvement qui va aussi s'étendant au sud dans les beaux quartiers et les promenades qui bordent le rio Génil.

J'ai dit que deux rivières, qui ont toujours de l'eau, arrosent Grenade : le *rio Darro* dont les flots, souvent bien réduits par les nombreux emprunts qu'on leur fait, coulent dans l'étroit ravin qui sépare les collines de l'Alhambra et de l'Albaycin et le rio *Génil* qui longe la ville sans y pénétrer. Le Génil est un véritable torrent des neiges qui s'alimente sans cesse à la blanche couronne de la sierra Nevada.

La promenade élégante et animée de Grenade se fait sur la *Carrera du Génil* à laquelle fait suite l'*Alameda* ou promenade d'hiver et que prolongent les beaux ombrages qui sont au bord du Génil : le *paseo del Salon* et le *paseo de la Bomba*. C'est une suite de lieux charmants où l'œil peut s'exercer sans cesse. A 5 heures du soir, assis à la terrasse d'un élégant café situé sur la carrera du Génil, devant d'excellentes bebidas de naranja à la neige, nous pouvons à loisir admirer la beauté du coup d'œil que présente alors Grenade : la haute *sierra Nevada* (montagne neigeuse) dresse à l'horizon son imposante barrière ; dans la transparence si pure du ciel andalou elle paraît toute proche, elle semble dominer immédiatement la ville, on pourrait presque, croit-on, en toucher les reliefs avec la main ; les filets de neige de ses sommets se colorent en rose aux derniers rayons du soleil... Quel délicieux contraste de voir de la neige en ces pays brûlants ! Si nous abaissons nos regards, le spectacle autour de nous n'est pas moins curieux : toute la population grenadine circule à présent sur la promenade ; les sveltes Andalouses passent gracieuses, sans chapeaux, un seul œillet rouge sang dans leur chevelure noire, au milieu du front ou sur la tempe. Les hommes n'ont guère plus du costume national que le *sombrero* à bords plats, noir ou gris ; quelques toreadors, ou mieux *toreros* comme on doit dire ici, passent fringants en leurs petites vestes qui s'arrêtent aux aisselles ; avec leurs petites tresses de cheveux ils ont des allures efféminées de bellâtres et se redressent comme des conquérants. Les Andalous ne portent généralement pas la barbe, leurs figures entièrement rasées, au poil noir qui veut toujours transparaître, leurs pommettes très saillantes, leur donnent des airs simiesques assez cocasses.

Des *gitanas* aux corps souples de bêtes se faufilent dans la foule, exerçant mille commerces : bonne aventure, billets de loterie, boîtes d'allumettes, menus objets permis ou prohibés et laissent après elles l'âcre odeur de leur race.

Fièrement campés sur leur selle, des jeunes gens chics se promènent à cheval. Les chevaux andalous sont admirables : petits, vigoureux mais sveltes, longue queue et longue crinière, la tête fière, l'œil de feu, toujours piaffant, toujours caracolant ils ne font pas mentir leur race; ils sont les descendants non dégénérés de ces chevaux fougueux que les Maures amenèrent avec eux d'Arabie.

Et dans le brouhaha de la foule qui circule, un cri, incessamment répété, domine le bruit : *agua! agua!* ce sont les marchands d'eau. Eh! oui, d'eau. Dans toute l'Espagne, mais surtout en Andalousie, c'est un commerce très intense, on ne peut faire un pas sans rencontrer un marchand d'eau et l'entendre pousser son cri. Il y en a de toutes les espèces, depuis le plus pauvre qui transporte son liquide dans une alcaraza et qui n'a qu'un seul verre pour toute sa clientèle, jusqu'au négociant fastueux qui porte sur ses épaules un grand récipient de fer-blanc enjolivé de moulures de cuivre et qui a une ceinture toute garnie de verres comme une cartouchière. Il y en a même qui poussent le luxe jusqu'à faire porter leur matériel par un grave bourricot.

Tout ce monde se promène ou reste dans les cafés jusqu'à une heure très avancée de la nuit. Je n'ai jamais vu de pays où l'on se couchât aussi tard qu'en Andalousie; dans les villages que nous avons traversés en pleine nuit, nous avons toujours rencontré, à n'importe quelle heure, une foule de gens qui flânaient; à Grenade c'est encore pire; il est vrai que dans la journée la sieste est générale pendant plusieurs heures.

Jeudi, 22 août.

Pour éprouver une seconde fois le plaisir que procure la visite de l'Alhambra, ce matin nous remontions au palais merveilleux édifié par les souverains nassérides.

Nous avons recommencé notre visite cour par cour, salle par salle, n'omettant aucun détail, nous arrêtant à toutes les beautés et cela nous a paru plus magnifique encore qu'hier.

Que de patience il a fallu à ces artistes arabes pour composer les dessins enchevêtrés et compliqués des moules avec lesquels ils imprimèrent dans les plâtres encore frais des murs les délicats ornements que nous admirons aujourd'hui! Combien de temps de labeur lent et minutieux représentent ces stucs fouillés et ajourés comme de la dentelle! Et ces marbres fins de la sierra Nevada dont ils ont tiré ces colonnettes divines et ces chapiteaux, ces arcs, ces galeries dignes d'un palais céleste!

Et encore, tout cela est considérablement délabré. Songez que la restauration et l'entretien de ce précieux monument n'ont commencé qu'au siècle dernier. L'Alhambra charme non seulement par ses merveilles encore existantes, mais aussi par l'évocation de celles qui ont disparu et qu'on aime à se représenter par la pensée. Je revois le palais aux temps arabes, lorsque toutes les peintures étaient encore fraîches, quand les ors scintillaient aux murs et aux plafonds, quand les fontaines jaillissaient dans les salles et dans les cours, quand de riches tentures, de lourds cuirs de Cordoue ornaient les murs à hauteur d'homme, quand d'épais tapis d'Orient, de fins coussins de soie dissimulaient les dallages de marbre, quand une infinité de lampes de cuivre, d'argent ou d'or éclairaient les salles en brûlant des huiles parfumées... Cela a existé; en douterait-on, que ce qui reste démontre l'existence du passé disparu. Non, l'imagination arabe ne trouvait pas que dans l'irréel de ses contes les brillantes descriptions qui souvent nous laissèrent incrédules, ces choses ont réellement existé ici et la plus fastueuse description des *Mille et Une Nuits* ou des *Mille et Un Jours* peut parfaitement correspondre à ce qu'était l'Alhambra de Grenade au temps de sa splendeur.

Dans la salle des Deux Sœurs — qui doit son nom à deux grandes dalles de marbre de son sol, exactement semblables — on voit l'admirable *Vase de l'Alhambra,* grande poterie arabe du quatorzième siècle qui est surtout remarquable par les dessins émaillés qui l'ornementent. Ces dessins représentent des figures d'animaux. Ainsi, malgré la défense formelle du Coran de représenter des figures animés, les derniers Arabes d'Espagne ne craignaient pas d'aller à l'encontre des commandements du redoutable Livre Saint. C'était un signe certain d'affaiblissement de la forte religion qui avait amené la conquête de l'Espagne par les Maures et cet affaiblissement préludait à l'expulsion prochaine.

Grenade n'apparut que très tard dans l'histoire des Maures. On sait que les Arabes s'emparèrent de l'Espagne en l'an 711, après avoir défait *Ro-*

drigue, le dernier roi wisigoth. Toute la péninsule arabisée obéit pendant trois siècles au seul calife résidant à Cordoue. En 1031 l'unité s'écroula tout d'un coup et l'Espagne mauresque fut partagée en une quantité de petits royaumes obéissant à des califes distincts. Grenade, comme les autres grandes villes, devint aussi capitale d'un royaume arabe. Dans le courant du même onzième siècle, de nouveaux Arabes venant du Maroc, les *Almoravides*, rétablirent pour un court temps l'unité mauresque de l'Espagne avec Séville pour capitale. Cette unité ne dura guère, de nouvelles dissensions favorisèrent la *reconquête* castillane et peu à peu, morceau par morceau, l'Espagne échappa aux Arabes pour retourner entre les mains de ses anciens propriétaires, les Goths ou mieux les Castillans, qui depuis des siècles attendaient dans les montagnes du Nord l'occasion favorable pour chasser les envahisseurs. En 1250 les catholiques avaient reconquis toute l'Espagne, sauf le seul royaume de Grenade qui devint alors le refuge de tous les Maures fuyant leurs foyers détruits. Pendant deux siècles et demi le royaume de Grenade brilla du plus vif éclat; c'est pendant cette période, sous la dynastie des souverains nassérides, que Grenade parvint à l'apogée de sa civilisation.

Ce sont eux qui construisirent l'Alhambra. Hélas! la destinée de Grenade devait être la même que celle de toutes les autres capitales arabes d'Espagne. Les dissensions intérieures, les luttes des partis furent la cause de sa chute plus encore que la force ou le courage des armées catholiques. Le dernier roi maure, Boabdil, le Petit Roi *(el Rey chico)*, descendant dégénéré des anciens Arabes, fut contraint de remettre la ville aux rois catholiques Ferdinand et Isabelle en 1492. Boabdil et les derniers Arabes d'Espagne retournèrent au Maroc d'où étaient venus sept siècles auparavant leurs pères conquérants... Ils emportaient avec eux le bonheur et la civilisation de l'Espagne!

Après les musulmans, les catholiques. Allons visiter la *cathédrale*. Ce colossal monument fut commencé en 1523, c'est-à-dire très peu de temps après la prise de Grenade. Il comprend réellement trois parties distinctes : le *Sagrario,* élevé sur l'emplacement de la grande mosquée des Maures, la *Capilla Real* (la chapelle royale) qui renferme deux superbes mausolées, celui des rois catholiques *(los reyes catolicos)* Ferdinand et Isabelle et celui de Philippe le Beau et de Jeanne la Folle, et enfin la *cathédrale* proprement dite. Ces trois édifices ne forment extérieurement qu'un seul tout; intérieurement ils communiquent ensemble, mais des grilles obligent à sortir chaque fois pour rentrer par de nouvelles portes, car il y a trois sacristains et par suite trois étrennes!

L'impression que j'ai retirée de ma visite à la cathédrale est la suivante : avec le temps, l'argent et les matériaux qu'on a employés à élever cet édifice, on aurait pu, en Italie ou en France, faire un admirable chef-d'œuvre; ici on n'est arrivé qu'à faire quelque chose de colossal, d'énorme, de fantastiquement grand, mais du plus insigne mauvais goût!

Toute la soirée nous avons erré dans les rues en quête d'observations. Les maisons à étroites fenêtres munies de grilles à gros barreaux recourbés dans lesquels on peut se loger comme en une cage, leurs miradores placés sur les toits et où l'on doit être si bien pour contempler les belles nuits étoilées de l'Andalousie, leurs frais patios entr'aperçus de la rue au fond de l'ombre mystérieuse des couloirs; les allures conquérantes des Andalous sous le sombrero, la grâce et la souplesse des femmes avec leurs châles à franges, leurs grands peignes et leurs mantilles; tout cela est d'un peuple réellement différent du nôtre.

Mais ici comme partout la couleur locale se

perd. On voit de nouvelles rues où toutes les maisons semblent apportées de France et nombre de Grenadines cachent leurs beaux cheveux noirs sous des chapeaux encore plus énormes que ceux de nos compatriotes!

Vendredi, 23 août.

Tout a été réglé et préparé hier soir, car nous partons de grand matin.

Que ces Espagnols sont donc voleurs! On a dit beaucoup de mal du climat, des routes et des hôtels d'Espagne, autant de légendes qu'il convient de dissiper, mais ce qui est incontestable, c'est la voracité avec laquelle les commerçants de ce pays se jettent sur les malheureux étrangers qui ont quelque chose à leur acheter ou quelque service à leur demander.

A Valence on nous a demandé 50 pesetas pour poser douze rivets à la tôlerie de l'auto. A Murcie nous avons contraint l'hôtelier à nous rabattre 25 pesetas sur sa note qui s'élevait à 110 pesetas. Enfin ici, dans une boutique ayant vaguement l'allure d'un garage, on m'a demandé 108 pesetas pour avoir brasé un tube d'échappement et fourni pour icelui quelques mètres de cordelette d'amiante. J'ai rabattu 48 pesetas sur cette fantastique note et j'estime avoir payé 40 pesetas de trop. Après ce règlement amiable, j'ai cru devoir, dans son propre intérêt, mettre le patron de la boutique en garde contre de pareilles exagérations qui ne pouvaient encourager les étrangers à venir visiter son beau pays. L'animal m'a répondu textuellement ceci : « Je ne compte pas sur les étrangers pour manger mon pain ! »... La voilà bien la fierté espagnole !

Il fait encore nuit, il est 4 heures du matin, l'auto démarre doucement et file dans les vieilles rues pour sortir de la ville.

Adieu Grenade !

Nous roulons dans la Véga sur une très bonne route bordée d'arbres; de temps en temps des ruisseaux qui brillent sous les rayons blancs de la lune nous rappellent que nous sommes dans un pays béni où il y a encore de l'eau.

La lune lentement se couche, sa face est pleine d'horribles grimaces, on dirait une sorcière qui traverse les airs pour se rendre à quelque Sabbat, là-bas dans les monts désolés. L'aube va paraître. La crête de la Nevada s'est couverte de sang et bientôt le globe lumineux en jaillit irradiant d'or le manteau de pourpre de la montagne.

Le pays s'accidente, l'auto ronronne en escaladant allégrement les premiers échelons de *la sierra del Anuar;* derrière nous la riche Véga étale au jour naissant sa luxuriante végétation et nous lui lançons un dernier adieu, ainsi qu'à la Nevada, ainsi qu'à Grenade qui se perd, éloignée, dans les brumes de l'aurore.

Alcala la Real, avec ses maisons que le soleil a uniformément teintées en ocre brillant, apparaît au sommet d'une colline pointue. Nous passons dans le bas quartier qui, peu à peu, s'éveille; de graves petits ânes andalous entourent une vieille fontaine renaissance ornée d'un immense bas-relief et boivent, boivent sans se soucier de l'automobile qui s'est arrêtée derrière eux. Ces ânes d'Espagne m'ont toujours vivement intéressé; ce sont des sages entre les sages; leur philosophie inépuisable les accompagne sans cesse dans leur modeste et pénible carrière. Soumis à leur maître parce qu'ils savent que toute révolte serait vaine et rudement châtiée, ils s'arrangent pour prendre ce qu'il y a de meilleur dans leur vie de pauvres *burros* et pour ne faire que le travail le plus strictement nécessaire. Vous ne les verrez jamais s'effrayer au passage de l'auto : ce serait faire une série de mouvements qu'ils ont reconnus parfaitement inutiles et qu'ils laissent à ces grandes bêtes de mules ou à ces écervelés de chevaux. Ils s'en vont tout droit, de leur petit pas menu, par le chemin le plus court, ne s'arrêtant que pour happer un chardon qui leur a paru sympathique ou pour goûter un peu au chargement qu'ils ont sur les épaules si celui-ci est comestible. Quand on les voit trottiner avec leurs petites mines graves, on suppose, avec quelque raison, qu'ils méditent sur la manière d'effectuer avec le moins de fatigue le travail exigé.

Depuis que nous avons quitté la Véga, une seule culture défile devant nos yeux lassés par cette uniformité; l'olivier, rien que l'olivier aux feuilles tristes, toujours l'olivier à l'ombre transparente. Des champs de l'arbre à huile s'étendent à perte de vue, descendent au fond des ravins, escaladent les collines, en rangs bien alignés, comme des bataillons en manœuvre.

Priego, au milieu des vallons couverts d'oliviers, ne présente rien de bien remarquable, si ce n'est que l'on commence à s'apercevoir d'un notable changement dans le caractère des habitants. Jusqu'ici nous n'avions traversé que des populations sympathiques, même dans l'Andalousie de Grenade. Nous pénétrons à présent dans la véritable Andalousie : pauvre, sale, hargneuse et sauvage. Les mules elles-mêmes se font ici plus méchantes et peureuses!

Après des détours sans nombre dans *la sierra de Cabra,* on arrive à la petite ville de *Cabra,* sur le *rio Cabra...* quel pays de chèvres!

Depuis Grenade jusqu'ici la route a été excellente, parfaite, unie comme un billard. C'est que toute cette région renferme quelque peu d'eau. En somme, si les routes d'Espagne ne sont pas toujours très remarquables, si ce n'est par la poussière, cela provient surtout du manque d'eau. Si nos meilleures routes françaises traversaient des pays sur lesquels il ne tombe pas une goutte de pluie pendant huit mois sur douze, des pays où règne constamment une intense chaleur, des pays qui n'ont point d'eau pour effectuer les rechargements, je ne leur donnerais pas deux ans pour devenir exactement semblables aux plus mauvaises routes de par ici.

A partir de Cabra le chemin devient cahoteux et plein de poussière.

Voici *Aguilar* dont les maisons blanches renvoient en lueurs aveuglantes les brûlants rayons du soleil. Des paysans en pittoresques costumes andalous rentrent des champs, des enfants nus piaillent aux portes, des femmes en jupes rouges et en corsages enjolivés jettent des couleurs crues sur le blanc des murs. Costumes d'un autre âge, habitations d'il y a plusieurs siècles. C'est l'Espagne des campagnes et des villages qu'il faut voir. Dans les grandes villes, la vie, les mœurs, les costumes deviennent de jour en jour plus semblables à ceux des autres villes d'Europe. Mais dans la campagne tout s'est attardé dans les anciens usages; là seulement on peut contempler une humanité pittoresque qui donne l'idée de l'Espagne de jadis.

Nous voilà dans la région désolée qui entoure Cordoue : de la terre, de la terre rouge à perte de vue et une chaleur sèche de four à chaux. Aussi loin que l'œil peut voir sur le pays ondulé, on n'aperçoit plus un seul arbre.

Fernan Nunez, curieux village de petites maisons blanches qui se sont rangées des deux côtés de la route comme pour nous regarder passer avec les yeux de leurs étroites fenêtres grillées.

D'ici à Cordoue la route est très mauvaise et d'une allure jusque-là inconnue : des cailloux épars sur le sol dur, jetés çà et là comme exprès, fuyant sous les roues, s'échappant comme des balles, frappant sur la tôlerie avec des détonations de pistolet. A mesure qu'on avance ils se font plus nombreux et plus pressés, bientôt c'est une couche épaisse comme un empierrage tout frais, mais ici permanent. Les pneus sont à rude épreuve, les arêtes vives des pierres les incisent, les déchiquettent, on sent avec douleur qu'ils s'en vont par petits morceaux. Lorsqu'en France nous avons à traverser un de ces lits de cailloux frais que les ingénieurs mettent si gracieusement à notre disposition sur toute là largeur du chemin, il n'est pas d'injures que nous ne proférions ni de plaintes que nous n'exhalions ; ici il faut ainsi rouler des kilomètres et des kilomètres et toute plainte serait superflue.

Après l'ascension d'une dernière colline de terre, la route plonge dans une vaste plaine. Au loin un mince fil d'argent : *le Guadalquivir,* une large tache blanche tout au bord : *Cordoue* (1).

On arrive au bord du fleuve juste en face de la vieille métropole religieuse des Maures, de la ville sainte qui essaya de supplanter La Mecque et qu'Allah punit si cruellement en l'abandonnant aux mains des *ghiaours* catholiques. On traverse le Guadalquivir sur un pont défendu par une ancienne porte fortifiée, *la Calahorra.* Ce pont fut construit par les Arabes, c'est un ouvrage monumental de plus de 200 mètres de long, de seize arches, assis sur des fondements romains. Cordoue fut, en effet, une ville romaine

---

(1) Grenade — Cordoue : 185 kilomètres. — *Route :* très bonne jusqu'à Cabra. Très mauvaise en approchant de Cordoue.

importante, capitale de la province d'Espagne Ultérieure ; elle donna le jour au poète Lucain et aux deux Sénèques.

Mais je m'aperçois que je m'arrête bien long-temps sur le pont du Guadalquivir. Notre auto y fit aussi une station prolongée malgré la chaleur accablante de midi. C'est que du milieu du fleuve on jouit de la plus belle vue panoramique de la ville.

De l'autre côté du Guadalquivir, Cordoue s'aligne le long de la rive. Au premier plan l'im-mense mosquée, surmontée du clocher et du dôme de la cathédrale, additions catholiques ; à côté d'elle, et à sa gauche, la porte de la ville. *Puerta del Puente*, porte du Pont : deux colonnes doriques élevées au seizième siècle sur l'emplacement de l'ancienne porte arabe (la *Bib Alcantara*), juste en face du pont. A droite et à gauche les maisons arabes qui suivent les rivages et montent insensiblement la pente douce sur laquelle s'étage la ville.

A gauche, dans le lit du fleuve, plusieurs mou-lins arabes sont encore assez bien conservés.

Vue ainsi, Cordoue est entièrement arabe ; rien ne rappelle en elle notre civilisation. Ses maisons étroitement enchevêtrées ne laissent percevoir aucune rue, aucune artère de quelque largeur.

Cordoue est restée figée dans sa forme d'il y a mille ans, Cordoue ne possède que d'étroites ruelles; autour de la ville seulement on peut trouver des promenades et quelques boulevards. Connaissant ce détail, nous ne nous sommes pas risqués à introduire notre longue voiture dans le labyrinthe des ruelles; laissant la porte du Pont aux piétons et aux *burros*, nous remontons la rive du fleuve le long des murs de la mosquée et en contournant la ville nous finissons par découvrir une rue un peu plus large que les autres qui nous amène devant l'*hôtel Suisse*, signalé partout comme le meilleur de Cordoue.

C'est aujourd'hui que nous avons constaté la température la plus élevée jusqu'ici. Pour une fois que nous avons fait exception à la règle que nous nous étions fixée de ne pas voyager au milieu de la journée, nous avons bien réussi! Nous sommes arrivés à l'hôtel à midi, bouillants de chaleur, ruisselants d'eau et n'aspirant qu'à remplacer par de frais liquides les pertes éprouvées par notre évaporation prolongée. Notre couvert est mis dans un *patio* bien aéré, le menu est fort convenable, mais pas de glace! Pourquoi? L'hôte, la bouche en cœur, nous répond que la glace qui se consomme à Cordoue est amenée une fois par jour de Séville par le train;

or, aujourd'hui, le train n'est pas arrivé, Cordoue n'aura pas de glace; c'est abasourdissant! Voilà une ville de 50 000 mille âmes qui possède la température sénégalienne que l'on sait, elle n'a même pas une machine à glace, elle fait venir sa glace de Séville, c'est-à-dire de 150 kilomètres, et si le train reste en panne, — ce qui arrive en Espagne, — ou si le glacier de Séville manque le départ, tout le monde est obligé de boire chaud pendant vingt-quatre heures.

Cordoue est une ville morte au centre d'un pays défunt.

Jadis la campagne qui l'environne, *la Campina,* admirablement irriguée par les Maures, était fertile et verdoyante; c'est aujourd'hui un désert où l'on ne voit que quelques maigres champs de blé, pas un arbre, pas un brin de verdure et qui doit sa stérilité aux chrétiens comme Cordoue leur doit sa décadence, sa ruine.

Il y a mille ans, Cordoue était arabe. Ville sainte qui mérita le nom de La Mecque d'Occident, capitale de toute l'Espagne mauresque, métropole de l'érudition arabe où accouraient les étudiants de tous les points d'Europe, au centre d'un pays dont la fertilité était alors proverbiale, Cordoue devint en l'an 1000 la première ville d'Europe et la plus peuplée : 300 000 habitants.

En 1236 les catholiques *reconquistadores* mirent fin à sa brillante fortune. Plus fanatiques, plus maladroits surtout que les Arabes, les Castillans ne surent utiliser le précieux instrument qui venait de leur échoir. Les Maures avaient autrefois respecté la croyance des chrétiens vaincus; les chrétiens vainqueurs ne surent tolérer l'islam, et l'Inquisition eut bientôt fait de purger la ville et la campagne de ceux qui avaient apporté la richesse, de ceux qui l'emportèrent avec eux.

Après le départ des Arabes, Cordoue meurt subitement,... cadavre elle est encore aujourd'hui. Elle a actuellement environ 50 000 habitants qui se perdent dans son grand squelette comme un corps trop maigre en un trop vaste habit.

Jamais je n'ai été frappé aussi vivement qu'ici par les propriétés conservatrices du climat espagnol. La Cordoue d'à présent est exactement celle d'il y a mille ans, ses maisons sont celles qui furent construites par les Maures, ses rues étroites et tortueuses sont les mêmes que parcouraient les Arabes au temps des califes. Les Arabes d'autrefois, s'ils sortaient de leur tombe après dix siècles, reconnaîtraient leur ville, rentreraient dans leurs maisons, comme s'ils en étaient sortis d'hier seulement.

Et pourquoi Cordoue se serait-elle modifiée? Il n'y a que deux causes de transformation pour les villes : l'humidité destructrice et la pioche des démolisseurs. Ici l'humidité n'existe pas : les maisons peuvent se conserver intactes indéfiniment. Pourquoi démolir si l'on n'a pas à reconstruire? Les nouveaux quartiers sont le propre des villes qui se développent; ici, au contraire, il y a déjà trop de maisons pour le nombre des habitants, point n'est besoin d'en construire de nouvelles.

Cordoue offre un bien triste spectacle : on n'y voit guère que des maisons inhabitées et des mendiants. C'est à croire que tous ses habitants mendient; ils nous suivaient en troupe compacte, tendant la main; à chaque carrefour nous étions assaillis par de nouvelles supplications, souvent nous devions écarter des bras quémandeurs qui nous barraient littéralement le chemin. J'ai vu des gens très proprement vêtus me demander *cinco centimos*.

Mais Cordoue a sa mosquée, qui vaut toute une ville.

L'exquise fleur de l'art arabe, bien que détériorée par le champignon chrétien poussé en son milieu, n'en est pas moins encore une des merveilles du monde.

La grande mosquée de Cordoue est l'expression de la civilisation arabe, vigoureuse et croyante, comme l'Alhambra de Grenade est le résultat de cette même civilisation, devenue raffinée et sceptique.

C'est un asile, vaste comme la religion de Mahomet, où la demi-obscurité et la fraîcheur invitent au repos et à la prière. Une forêt infinie de gracieuses colonnes continuant la forêt d'orangers et de palmiers du délicieux patio qui la précède. C'est l'épanouissement de l'art arabe dans toute son uniforme beauté. C'est une heureuse union de la légèreté, du goût et de la grâce avec l'immensité. C'est la compréhension si nette qu'avaient les Arabes de tout ce qui touche à l'embellissement de la vie.

L'édifice est bâti, paraît-il, d'après la même idée que celle qui présida à la construction des mosquées égyptiennes. C'est la simplicité même, des rangs de colonnes également distantes, symétriquement disposées, suivant la longueur comme dans le sens de la largeur. Ces colonnes, réunies entre elles par des arcs arabes allant régulièrement de l'une à l'autre, supportent un plafond uniforme : plat et en bois précieux richement incrusté à l'origine, remplacé par d'horribles voûtes depuis la domination castillane. On conçoit qu'un pareil monument n'a pas de limites, qu'il peut être incessamment agrandi. C'est ce qui eut lieu pour la grande mosquée de Cordoue ; elle fut construite en plusieurs fois par les califes omyades, sans que les parties ajoutées successivement altèrent en rien l'harmonie générale.

Il y a là des colonnes de tous les styles et de toutes les formes. Il y en a de tous les matériaux : porphyre, marbres de diverses nuances, jaspe, granit, vert antique. Cette diversité, loin de nuire, ajoute encore au charme qui se dégage de la forêt de pierres.

Les deux *mihrabs* qui subsistent sont deux purs chefs-d'œuvre. Le dernier en date représente l'arc arabe parfait, il est orné de mosaïques inappréciables. L'autre est une fine dentelle dont les sculptures sur stuc rappellent assez certains ornements de l'Alhambra.

On met à jour, en ce moment, des chapelles latérales dont les fines ciselures, jusque-là cachées sous un déplorable plâtras, semblent tenir plus du tissu que de la pierre, tellement elles sont légères, aériennes... on dirait qu'en soufflant dessus on va les voir osciller.

Soit qu'on s'attarde aux détails, soit qu'on se plaise à contempler la perspective unique au monde de toutes les colonnes allant se perdre dans l'obscurité mystérieuse des profondeurs, on ne peut s'arracher au charme qui vous étreint dans cet ancien temple de l'islam.

Je crois qu'on y resterait des journées entières si l'on n'en était chassé par la horde sale et puante des mendiants et des sacristains qui en ont fait leur tanière.

Malgré l'enthousiasme qu'on ressent à voir cette chose admirable, l'impression qu'il me semble que tout le monde éprouverait, comme je l'ai éprouvée, est un vague sentiment de tristesse. Et qui ne serait attristé au spectacle du vandalisme qui a fait trouer les plafonds, détruire les arcs gracieux, abattre les fines colonnades du milieu de la mosquée pour y encastrer une cathédrale colossale et de mauvais goût? D'un mauvais goût plus frappant encore par la lourde richesse dont l'église est ornée et la simple beauté de ce qui reste de la mosquée.

Beaucoup de gens ont crié à la profanation en voyant à Grenade le palais de Charles-Quint élevé sur la colline de l'Alhambra à la place d'une partie du palais des rois Maures. Je ne partage pas absolument leur avis, d'abord parce que le palais de l'Empereur est de l'art le plus pur, ensuite parce qu'il n'a eu le tort de détruire qu'une faible partie des bâtiments mauresques dont la disparition n'a nullement nui à la beauté de ceux qui restent.

Mais à Cordoue, c'est bien une véritable profanation qui eut lieu, un acte de pure barbarie qui a fait détruire à jamais l'harmonie du chef-d'œuvre d'une civilisation qui n'est plus. Et ce même Charles-Quint, auquel l'autorisation de construire la cathédrale au milieu de la mosquée avait été surprise, contemplant un jour l'irréparable, dit ceci aux chanoines atterrés : « Si j'avais su ce que vous vouliez faire, vous ne l'auriez pas fait, car ce que vous construisez là se trouve partout et ce que vous aviez auparavant n'existe nulle part dans le monde. »

Samedi, 24 août.

La seule animation de Cordoue s'est réfugiée au *Paseo del Gran Capitan,* promenade ainsi nommée en souvenir du fameux général Gonzalve de Cordoue, qui s'empara du royaume de Naples en 1495 et que ses compatriotes, les Espagnols, surnommèrent le *Grand Capitaine.* C'est un grand et large boulevard planté d'orangers et de palmiers, bordé de cafés, de cercles et d'hôtels. Les habitants de Cordoue viennent, le plus nombreux possible, s'y promener aux heures fraîches de la soirée et s'y multiplient de leur mieux afin de faire croire que leur ville est encore habitée! On y rencontre des Andalouses... bien moins jolies qu'à Grenade et des Andalous qui ont ici des faces patibulaires et qu'on s'étonne de ne pas voir armés d'escopettes et de *navajas!*

La chaleur lourde d'hier s'est résolue cette nuit en un orage bienfaisant, une abondante pluie a rafraîchi l'atmosphère et maintenant que le ciel a repris sa pureté accoutumée, on n'a point trop chaud; allons, le climat de l'Espagne n'est pas si terrible qu'on le prétend en France!

L'hôtel Suisse nous sert un déjeuner exquis. Il y a de la glace!... Il paraît que le train de Séville est arrivé aujourd'hui! L'autre légende française représentant les hôtels espagnols comme au-dessous de tout ne se vérifie toujours pas.

A 4 heures du soir, en route pour Séville.

Il faut redescendre au bord du Guadalquivir, retraverser le vieux pont des Arabes, refaire pendant une quinzaine de kilomètres la route par laquelle nous sommes arrivés hier. En haut des collines nues qui forment de ce côté le bord de la vallée du grand fleuve andalou, nous trouvons la bifurcation de la route de Séville. C'est toujours l'affreux chemin empierré, plus mauvais encore que celui d'hier. Avec un peu d'eau cette route si large pourrait être excellente, malheureusement il n'y en a point, le Guadalquivir est trop loin. Les cailloux restent éternellement en suspens, les charrettes, trop rares, ne peuvent les enfoncer et se contentent d'y creuser de profondes ornières... Les ornières dans les cailloux, c'est une affaire bien particulière, je vous prie de le croire! Il y a 40 kilomètres comme cela, en première vitesse tout le temps.

On rencontre très peu de voitures. En Andalousie, on va principalement à cheval, à mule ou à âne. Les chevaux andalous sont très beaux, ils forment avec leurs cavaliers de fort jolies silhouettes.

Et l'on va, montant et descendant d'éternels mamelons grillés par le soleil. Pas un arbre, la terre rouge sans cesse et à perte de vue. Au printemps le sol se couvre de quelques moissons, le reste du temps c'est le spectacle désolant du vide infini.

La Carlota, le dernier village de la province de Cordoue, maisons basses et blanches régulièrement alignées le long du chemin.

On passe ensuite dans la province de Séville; aussitôt la route devient bonne. Du haut d'une colline, voici qu'on distingue une ville toute blanche : c'est *Ecija*, qu'on a surnommée *la poêle à frire de l'Andalousie;* c'est dire que le soleil doit y être particulièrement caressant!

La ville-poêle s'étend au bord du rio Génil qui vient de Grenade, qui a beaucoup d'eau et qui fait tourner plusieurs moulins arabes bien conservés; mais elle est située au fond d'une véritable cuvette de collines rouges dont les flancs dénudés lui renvoient consciencieusement tous les rayons solaires; elle a tout ce qu'il faut pour frire!

La ville est confite dans son ancienneté, mais pas comme Cordoue; ce n'est pas un cadavre, elle est coquette et animée. Ses basses maisons, aux fenêtres munies de grilles ouvragées comme autant de petits chefs-d'œuvre, sont serrées les unes contre les autres; ses rues, larges de deux pas, ne laissent pas aller les rayons du soleil jusqu'au sol... Elles se défendent de leur mieux. Toutes les murailles sont peintes de blanc ou de couleurs claires et riantes. Une quantité de clochers effilés, hauts, pointus, semblables à des minarets, dépassent les toits, s'élancent vers le ciel.

Une population pittoresque, qui a conservé une bonne partie des anciens costumes andalous, circule ou séjourne dans les rues étroites où nous avons juste la place de passer avec notre voiture.

Après, on se retrouve dans la campagne sauvage.

Luisiana est un pauvre *pueblo* autour duquel ne poussent que de chétifs palmiers nains dans l'immensité des champs où pâturent comme ils peuvent de grands troupeaux de taureaux de combat. Ces brutes lèvent la tête à notre approche et nous regardent passer avec des airs ahuris. Qui sait? La mort de l'un d'eux nous servira peut-être de spectacle dans quelques jours. Nous les voyons là bien tranquilles; dans l'arène ils seront furieux et fous!

La route escalade une haute colline rouge, derrière le sommet de laquelle se cache *Carmona*. Après un dernier virage, l'auto, lancée comme une balle, se rue dans la ville apparue tout à coup; c'est une véritable surprise : du désert on a sauté dans la vie. La ville était réellement embusquée au dernier tournant de la route, son apparition inopinée nous a fait peur. Un coup de frein et les chevaux assagis passent sous une belle porte, au delà de laquelle s'agite une population compacte et remuante.

Carmona est une vieille ville : au temps des Romains elle s'appelait *Carmo*. A peu de distance des constructions actuelles, on a découvert une importante nécropole romaine renfermant une grande quantité de tombeaux, bien conservés, très intéressants à visiter. Elle fut aussi une ville arabe florissante; avec son alcazar mauresque, sa tour carrée qui ressemble à la Giralda de Séville, ses maisons basses, elle a conservé, comme tant de ses sœurs, un air absolument arabe, une allure de famille, les traits des ancêtres.

On sort de Carmona en passant sous un portique mauresque très bien conservé et très grandiose.

Nous trouvons alors une route, oh! une route comme on n'en voit qu'en approchant des grandes villes. C'est Séville qui s'annonce : poussière, ornières et trous, il nous reste une quarantaine de kilomètres à faire là-dedans. Bah! je réduis considérablement l'allure et nous n'en sommes pas moins gais pour cela.

De misérables villages s'allongent de temps en temps au bord de la route; ils ont toujours et toujours l'air arabe. Quelle puissante empreinte les Maures ont laissée sur cette Espagne! A chaque instant on s'attend à voir sortir des Arabes des maisons et s'épandre dans les petites rues en troupe bariolée et remuante. C'est que ces villages, ces maisons mystérieuses, ces voûtes sombres, ces fenêtres étroites et rares ont été créés par eux et pour eux.

Le Maure a été le cerveau le plus puissant qui habita la péninsule après les Romains. Il fut surtout l'être le mieux adapté au pays et à son climat. Il disposa l'Espagne à son usage : son génie plane encore au-dessus de son ancien séjour.

L'Espagne fut arabe.

Le Maure parti, son empreinte resta éternelle; tout resta lui : les villes, les maisons, même les usages et même les habitants chez lesquels son sang se reconnaît encore.

L'Espagne est restée arabe.

Au moment où le soleil se couchait avec la célérité qui le caractérise à cette latitude, nous traversions *Alcala de Guadaira*, petite ville où semblent s'être donné rendez-vous tous les meuniers de l'Andalousie. Je crois bien qu'il y a un moulin dans chacune des maisons; on entend de toutes parts un continuel ronron de cylindres écrasant les grains.

C'est ici que prend la route qui va sur Cadix, la route que nous viendrons chercher bientôt.

Dans la nuit, complète maintenant, nous roulons et sautons dans les trous de la route. Le compteur marque 143 kilomètres; nous sommes donc tout près de *Séville*. En effet, voici venir au-devant de nous quelque chose de très éclairé; c'est un tramway, et électrique, s'il vous plaît!

Un long boulevard solitaire, puis des maisons de banlieue, sales et clairsemées, de grands boulevards éclairés, animés, des boulevards de grande ville, une rue, une large place plantée de luxuriants palmiers et sur laquelle une foule intense, sémillante, bruyante, s'agite autour d'un kiosque à musique; une autre rue, étroite celle-là, laissant à peine passer la voiture, et enfin nous stoppons devant l'*Hôtel de Madrid* (1).

Cet hôtel, réputé l'un des meilleurs de la ville, est vaste et luxueux. Les chambres en sont peu confortables, la cuisine y est assez bonne; le service, fait par un personnel andalou, est détestable. Un grand patio, planté de beaux palmiers entourant une fontaine, où l'on prend agréablement son café en rêvassant dans des fauteuils d'osier, est toujours doucement aéré, comme tous les patios espagnols; c'est là un secret que je n'ai jamais pu pénétrer, que cette brise fraîche qui vous caresse toujours délicieusement dans les patios, même en plein midi. Une salle à manger de style arabe à colonnettes et à ciselures sur stuc qui rappelle l'Alhambra évoque aux estomacs les délices des festins mauresques, mais la

---

(1) CORDOUE — SÉVILLE : 149 kilomètres. — *Route :* très mauvaise dans la province de Cordoue, bonne ensuite jusqu'à Carmona, détestable de Carmona à Séville.

mine renfrognée des garçons qui circulent autour des tables et leurs inattentions indélicates vous enlèvent rapidement le supplément d'appétit qui était résulté de cette vision.

Dimanche, 25 août.

Grenade, c'est l'Andalousie pittoresque, Cordoue l'Andalousie sale et Séville l'Andalousie riche.

Séville représente la grande cité, remuante, gaie, bruyante. Elle est commerçante et industrielle. Sa situation au bord du Guadalquivir, que le flux de l'Océan rend navigable jusque-là pour les navires, en fait aussi une ville maritime. Des rues animées, de vastes boulevards, beaucoup de places, de belles promenades bien ombragées, d'immenses jardins publics où les palmiers et les orangers poussent avec l'exubérance de ce climat, de l'eau en abondance, en font un agréable séjour au milieu du désert andalou.

Ce n'est plus la ville d'autrefois morte aujourd'hui, comme Cordoue, c'est à la fois la cité de jadis et la ville du présent, c'est la ville maure qui a résisté au dissolvant catholique et qui, pleine de vigueur, a su rester capitale.

C'est à Séville que les traditions et les costumes nationaux se sont le mieux conservés. Ici est le foyer de la tauromachie : Séville a même créé une école de Toreros. Nulle part en Espagne plus qu'à Séville on n'a le goût du clinquant et du geste matamore ; mieux qu'en tout autre endroit, on a ici le spectacle de la véritable Espagne *flamenco*.

Le mot *flamenco* a voulu désigner tout ce que le caractère espagnol a récolté de bizarre dans le mariage du sang goth avec le sang maure. Flamenco, c'est la frénésie du peuple, c'est la passion du clinquant, du cri, de la bestialité ; c'est *la folie espagnole*. Flamenco sont les courses de taureaux, les danses populaires, les déhanchements obscènes aux castagnettes et aux tambourins ; flamenco les combats de coqs, la vantardise et les fanfaronnades, et les danses des gitanas, et les œillades des cigarières, et les effets de torse des toreros, tout cela est flamenco !

Cette disposition particulière de caractère est générale chez l'Espagnol, mais elle est portée à son degré le plus élevé chez l'Andalou. Ce dernier forme le peuple le plus pittoresque qui se puisse voir, mais de loin surtout ; de près, c'est une population sale, fainéante et désagréable, dont on a vite assez.

Les Andalous ont un aspect et une démarche

caractéristiques. Tous sous le sombrero national, leur maigreur, leur ventre rentrant et leurs fesses jetées en arrière, leur figure entièrement rasée, en font la copie exacte des toreadors que nous avons tous vus en France aux courses de taureaux..., c'est qu'aussi la majorité des toreros sont Andalous.

Les Sévillannes sont généralement petites et vives; grands yeux noirs qu'elles ne tiennent pas dans leurs poches; petits pieds, corps souple, démarche onduleuse; beaucoup de brunes, elles portent leurs cheveux collés aux tempes. Celles qui n'ont pas encore arboré le chapeau circulent en cheveux avec la mantille ou bien seulement un œillet rouge ou un ruban de couleur vive au milieu du front ou sur la tempe. Elles sortent surtout le soir, après les heures brûlantes; dans la journée elles restent paresseusement dans le délicieux patio que possède toute maison d'Andalousie.

Le *patio* est le centre de la vie dans ces pays chauds. C'est une cour ménagée au milieu de la maison; dallée de marbre, entourée de colonnes supportant une galerie vitrée qui longe le premier étage, elle communique avec toutes les pièces du rez-de-chaussée. Un velarium protège le patio des rayons du soleil, un jet d'eau coulant dans une vasque centrale le refraîchit, des plantes exotiques l'égayent. Un couloir le fait communiquer avec la rue où une grille à jour, souvent de très belle serrurerie, n'empêche pas les regards des passants de pénétrer dans ce frais intérieur. C'est une cour qui est surtout un appartement, un appartement commun où l'on se tient la plus grande partie du temps.

L'origine de Séville est ancienne. Ville ibère, puis romaine, elle devrait, d'après la légende, son nom actuel au souvenir d'une aventure arrivée à Jules César. Quittant l'antique Hispalis (nom primitif de Séville) pour se rendre à Rome, César trouva au sortir de la ville une vieille femme en haillons qui l'arrêta et qui, se disant sybille, l'adjura à grands cris de ne pas aller dans la ville éternelle où l'attendait le poignard de l'assassin. Jules César passa outre, mais quand il fut tombé sous les coups de Brutus, on se souvint de la prophétie et l'on donna à la ville le nom de *Civitas Sibillæ,* ville de la Sybille, d'où serait venu Séville.

Séville fut conquise par les Maures en 712; elle participa en première ligne à leur brillante civilisation et fut même quelque temps capitale de l'Espagne arabe, après le démembrement du califat de Cordoue. Elle retomba au pouvoir des catholiques en l'an 1248, mais des événements heureux la préservèrent de la ruine qui s'était appesantie sur la plupart des cités arabes après la reconquête. Elle fut assez longtemps résidence de la cour qui y entretint ainsi un mouvement et un commerce qui lui furent profitables. Enfin la découverte de l'Amérique amena d'immenses richesses dans son port qui pour longtemps fut l'un des plus florissants de l'Europe.

Comme Grenade a son Alhambra et Cordoue sa Mosquée, Séville a son Alcazar.

L'*Alcazar* de Séville n'est pas un aussi précieux monument de la civilisation arabe, car il fut en grande partie refait par les Castillans; il n'en est pas moins œuvre authentique, ses restaurations étant le fait d'artistes arabes employés dans ce but par les princes catholiques. Le roi légendaire de Séville, *Pierre le Cruel* (1350-1369), fut le principal restaurateur de l'Alcazar; son successeur Henri II (1) contribua aussi pour beaucoup à la réédification de l'ancien palais des

---

(1) Henri II ou *Henri de Transtamare* était le demi-frère de Pierre Ier le Cruel. Avec l'appui des Français de Duguesclin, il réussit à s'emparer du trône de Castille sur lequel Pierre avait largement mérité son surnom par des cruautés sans nombre. Henri de Transtamare vainquit son frère qui, dans la bataille, perdit à la fois la couronne et la vie.

rois maures. Enfin Isabelle la Catholique, puis Charles-Quint continuèrent et terminèrent les travaux, toujours avec le concours des Maures et de leurs derniers descendants espagnols.

L'extérieur, comme pour tous les palais mauresques, est celui d'une forteresse. Rien n'éveille l'idée des splendeurs de l'intérieur,... les jardins, les fameux jardins eux-mêmes, sont entourés de très hautes murailles.

A l'intérieur c'est un peu la même chose que ce que nous avons vu à l'Alhambra, mais plus homogène, car c'est un palais et non une série de palais juxtaposés comme l'Alhambra. Ici les travaux sont mieux conservés mais moins harmonieux, moins fins : on sent que c'est plutôt de la copie d'art que de l'art proprement dit.

Les célèbres jardins de l'Alcazar, ces lieux enchantés où se plaisaient les califes et leurs favorites, ont été profondément modifiés par Charles-Quint. Ils n'en sont pas moins encore un séjour qui donne une idée de ce que pourrait être le Paradis de Mahomet.

Nous errâmes longtemps dans ces *délices des rois mau-au-au-res*. Orangers aux fruits d'or, longs boulevards de myrtes odorants, allées de buis taillés comme le marbre, interminables palmiers portant là-haut, tout là-haut, des quantités de grappes de dattes qui seront mûres en novembre, bananiers, eucalyptus, cactus, verveines, rosiers et caroubiers, allées ombreuses, fontaines jaillissantes, kiosques de repos, tout est conçu, exécuté, réussi, pour le plaisir des yeux, le repos du corps, la satisfaction des sens.

Si l'Alcazar représente le style mudéjar décadent (1), la *cathédrale* est du gothique dans toute sa puissante beauté. Cette fois, voilà une œuvre catholique espagnole qui est de bon goût. C'est simple et gracieux et cependant gigantesque; la cathédrale de Séville est un des plus vastes édifices gothiques religieux qui soient au monde. L'intérieur de l'immense nef, surmontée d'une coupole énorme, si énorme qu'elle s'écroula plusieurs fois, est pleine d'ombre mystérieuse; la lumière y arrive pâle et tamisée par d'étroits vitraux qui sont de pures merveilles. Les courbes gracieuses des arcs gothiques qui surmontent les larges colonnes vont se perdre dans l'obscurité du sommet formant comme un ciel brumeux et imprécis au-dessus du chœur de la *capilla mayor*. Il faudrait des heures et des heures pour voir comme il le mérite l'intérieur de cette cathédrale

---

(1) Les Espagnols sont appelé *style mudéjar* la forme de l'art arabe qui fleurit encore pendant de longues années après la reconquête catholique.

qui est un véritable et précieux musée de peinture et de sculpture.

Extérieurement, la masse énorme semble un peu lourde, mais à son côté la *Giralda* produit un effet si superbe!

La Giralda est un ancien minaret arabe devenu clocher catholique. Jadis la grande mosquée de Séville étalait ses splendeurs sur l'emplacement où s'érige aujourd'hui la cathédrale; seule, la tour du muezzin fut conservée par les Castillans qui ornèrent son sommet d'une statue de la Foi, mobile sur un pivot, formant girouette *(giraldillo)* et qui a donné son nom à la tour. La Giralda est le plus beau monument mauresque de Séville, elle date du douzième siècle, au temps de la domination des *almohades* de Barbarie. Elle a près de 100 mètres de haut et de très loin dans la campagne signale au voyageur la capitale de l'Andalousie.

Les soirées sont délicieuses à Séville. Si dans la journée, pendant la grosse chaleur, on voit peu de monde dans les rues, dès que le soleil commence à se coucher, Sévillans et Sévillannes s'empressent de quitter leurs maisons et s'épandent sur les boulevards et sur les places. La nuit tombée, on reste stupéfait de voir l'animation vraiment fabuleuse qui règne sur tous les points importants de la cité. Bien que Séville soit grande et peuplée, on se demande d'où peut bien sortir tout ce monde-là! Alors les musiques militaires ou civiles commencent leurs concerts, les cinématographes en plein air crépitent et balbutient, chanteurs et chanteuses braillent sur des estrades de planches, les castagnettes retentissent et les danses commencent. Il faut avoir vu soi-même pareille animation pour s'en faire une exacte idée. Hier au soir, en arrivant, nous crûmes qu'il y avait fête à Séville; pas du tout, c'est tous les soirs de l'année comme cela!

Majos et *Majas* s'en vont côte à côte dans la foule crapuleuse et hurlante. Sévillans et Sévillannes de marque, qui toute la journée s'étaient tenus calfeutrés dans la fraîcheur des patios, arborent chapeaux et mantilles, montent dans leurs équipages et vont interminablement faire la navette sur le *paseo de las Delicias*, immense boulevard ombreux et toujours bien arrosé qui longe le Guadalquivir depuis l'ancienne tour mauresque de l'Or jusqu'au parc Marie-Louise.

Jusqu'à une heure avancée dans la nuit l'intense animation règne joyeuse et bourdonnante.

Lundi, 26 août.

Nous aurions vivement désiré visiter la fameuse Manufacture de Tabacs de Séville. Nous apprîmes avec regret que la visite n'était pas autorisée en été, car alors, par suite de la chaleur, les cigarières y travaillent à peu près nues, motif qui ne fit qu'augmenter singulièrement les regrets de mon ami Adrien !

Dans la journée, les rues et les places les plus larges, et par suite les plus exposées aux rayons du soleil, sont à peu près désertes. Toute l'animation de Séville se concentre alors dans l'étroite *calle de las Sierpes*. C'est la rue des affaires, des banques, des cafés et des cercles. Interdite aux voitures, couverte d'immenses tentes ou *toldos* allant d'une maison à l'autre et qui la protègent complètement des rayons solaires, elle semble alors le rendez-vous de tout Séville depuis le négociant, le courtier, l'employé qui s'y rendent pour leurs affaires, l'élégant désœuvré qui va au cercle, la jolie Sévillanne qui parcourt curieusement les magasins, le flâneur qui s'installe au café, les toreros qui ne trouvent plus que là des gens pour admirer leurs effets de torse et de fesses, les majas en quête d'amoureux, les sau-

vages paysans andalous venus en leurs retardataires mais si pittoresques costumes pour vendre
quelque récolte, les vieilles duègnes fardées et
horribles accomplissant une louche commission,
les cigarières qui toutes à la tâche ne sont retenues par aucune heure fixe à la manufacture, les
gitanas, les gamins et, par-dessus tout, les mendiants qui suivent toujours la foule et enfin jusqu'aux touristes comme nous qui viennent curieusement regarder ce peuple bigarré qui s'agite.

Ce qui frappa encore le plus les susdits touristes, c'est que tout le monde se gratte, mais se
gratte perpétuellement... les habitants de Séville
doivent être infestés de petites bêtes! Les pauvres
touristes, sans doute par esprit d'imitation invo-
lontaire, finirent par se gratter aussi !

Après un déjeuner que je dois proclamer
exquis, nous avons quitté *l'Hôtel de Madrid*, à
3 heures du soir. L'auto nous emporte maintenant vers l'extrême-sud de l'Espagne : Cadix,
Algésiras, Gibraltar. Primitivement je comptais
aller de Grenade à Malaga, Gibraltar et Cadix,
puis de là atteindre Séville, mais il me fallut changer mon itinéraire. A Grenade, j'appris en effet
que la route nouvelle n'était pas encore achevée
entre Malaga et Gibraltar et que la vieille, la
route aux surprises dont nous nous serions cepen-

dant accommodés, était momentanément coupée irrémédiablement sur plusieurs points. Je fus donc obligé de prendre le nouvel itinéraire suivant : Grenade, Cordoue, Séville, Cadix et Gibraltar pour revenir ensuite de Gibraltar à Séville. Cela allongeait notre parcours de 200 kilomètres environ, mais sur le total nous n'en étions pas à cela près !

Il faut refaire jusqu'à *Alcala de Guadaira* la mauvaise route par laquelle nous sommes arrivés. A Alcala, on prend à droite la route royale de Madrid à Cadix; celle-ci est immédiatement meilleure, quoique bien raboteuse encore.

On atteint assez rapidement *Utrera,* grand pueblo à l'air cossu, mais dont la voirie est réellement trop insuffisante : on fait de véritables plongeons successifs dans de grands trous situés bien au milieu des rues. Mais dès la sortie de la petite ville on trouve une route lisse comme un tapis où l'on roule vivement; il y a bien de loin en loin quelques caniveaux, mais on peut réellement faire de la vitesse.

Le pays, un vrai désert, est longuement vallonné. On circule au milieu des plantes désertiques, on ne rencontre âme qui vive, pas le moindre village, pas même des chemineaux. De temps en temps de grandes *manadas* de taureaux. Nous avons dû traverser un de ces troupeaux qui avait envahi la route; aucune des redoutables bêtes ne manifesta d'hostiles intentions à notre égard. S'ils avaient voulu cependant, leurs cornes effilées seraient entrées dans le radiateur comme dans du beurre !

En approchant de Jerez la route redevient défoncée, mais sur quelques kilomètres seulement. Nous remarquons non sans surprise qu'il n'y a pas énormément de vignobles autour de la ville dont les caves sont si célèbres, des champs incultes surtout et beaucoup de figuiers de Barbarie.

Nous traversons *Jerez* sans nous y arrêter; la ville, jolie et riche, mérite une visite, aussi nous proposons-nous d'y faire étape au retour.

Un peu après la sortie de la ville, on trouve un carrefour où de nombreuse routes s'en vont dans toutes les directions sans qu'aucun poteau indicateur puisse montrer la bonne; après nous être renseignés auprès d'indigènes que la charitable Providence avait placés là tout exprès, nous prenons franchement à gauche la direction de Cadix. Les Espagnols de là-bas prononcent *Cadi* avec une intonation naïve qui nous amusait beaucoup chaque fois que nous avions à les interpeller pour demander notre chemin.

Toujours la campagne nue; aucun arbre ne vient rompre la monotonie du désert. On ne rencontre que quelques rares paysans montés sur de petits *burros,* qu'ils excitent de leur continuel : *arrea, arrea.* Sur la route très bonne, l'auto glisse silencieuse et douce.

Sur la droite, le soleil vient de plonger sous l'horizon, laissant derrière lui une lueur pourpre d'incendie; subitement c'est la nuit, sans transition on a passé du jour à l'obscurité, de la lumière éclatante à la nuit sombre et sans lune.

Au morne silence de tout à l'heure a succédé un vague grondement, plutôt un murmure, et des émanations âcres, mais agréables, nous viennent par bouffées : c'est l'Océan tout proche qui s'annonce.

Nous arrivons à l'entrée d'une ville brillamment éclairée, c'est *Puerto de Santa-Maria :* une ville toute en longueur, une interminable rue resplendissante de lumières, très animée, mais encore plus mal pavée; nous n'en finissons pas de traverser cette ville sans fin et quand nous arrivons au bout, un habitant interrogé nous annonce que nous nous sommes trompés, et que pour aller à Cadix, *Cadi,* il aurait fallu tourner à gauche avant l'entrée de la ville. Très bien! il nous faut maintenant refaire en sens inverse l'interminable rue aux pavés pointus parsemés de trous, jusqu'au commencement de la ville où nous trouvons effectivement la bonne route.

Puerto de Santa-Maria est une des villes curieuses et bien spéciales qui se sont établies en couronne autour de la baie de Cadix. C'est une ville importante de 20 000 habitants et riche de caves qui sont presque aussi célèbres que celles de Jerez. Elle est située au bord du *Rio Guadalete* et à son embouchure dans l'Océan, ou mieux dans la baie de Cadix qui en est l'antichambre commode et bien abritée. C'est une ville antique; ses habitants s'honorent de descendre d'une colonie grecque qui vint s'établir là plusieurs centaines d'années avant Jésus-Christ.

En sortant de la ville on traverse un grand pont sur le Guadalete, d'où l'on découvre, le jour, toute la première partie de la baie de Cadix. Il fait nuit, mais si nous ne voyons pas la mer nous apercevons au loin, au delà des flots, une vaste illumination qui semble suspendue dans les airs : c'est Cadix dans son île, au bout de sa pointe. Oh! cela ne veut pas dire que nous sommes arrivés, nous avons encore à contourner toute l'immense baie, puis à suivre l'étroite bande de terre au bout de laquelle Cadix est comme à l'ancre en pleine mer; cela représente bien encore une heure ou deux suivant l'état de la route.

Celle-ci continue cependant toujours très roulante.

Puerto-Real, autre ville, autre port de la baie dont les habitants prétendent à une noblesse encore plus ancienne que celle de Puerto de Santa-Maria. Les Romains l'appelaient le *Portus Gaditanus.* Malgré leur antique descendance, les gens de cette ville entretiennent déplorablement le pavage de leurs rues, ou bien est-ce respect des œuvres ancestrales et laissent-ils subsister religieusement les travaux des Grecs et des Romains sans vouloir y toucher? Franchement le pavé de ce pueblo n'a pas dû être refait depuis de longues années avant Jésus-Christ! Il y a des trous où un enfant se tiendrait caché, l'auto saute dedans pendant que geignent les ressorts et que soupirent les pneus.

Après Puerto-Real la route devient mauvaise. Cliché habituel : trous et poussière.

En mer les lumières de Cadix scintillent toujours. Elles semblent fuir; nous nous en éloignons en effet; tant que nous n'aurons pas atteint et contourné le fond de la baie, nous tournerons le dos à notre but.

Enfin voici la birfurcation de la route qui continue sur Algésiras; brusquement nous revenons à droite, nous passons au milieu de marais salants aux émanations violentes et caractéristiques, traversons un pont et quelques vieilles fortifications qui défendaient jadis l'*Isla de Leon* dans laquelle nous sommes maintenant et voilà les lumières d'une nouvelle ville.

C'est *San-Fernando* qui continue la série des ports de la baie. Ville de près de 30 000 habitants, animée et bruyante et comme ses sœurs très brillamment éclairée.

Puis nous roulons sur l'étroite jetée qui relie Cadix à la terre ferme. C'est une digue de près de 15 kilomètres de long, battue des deux côtés par les flots de l'Océan, et qui s'avance dans l'eau, hardiment, jusqu'à la petite île sur laquelle trône Cadix. L'Océan gronde autour de nous, ses vagues qui se heurtent dans la nuit rejaillissent jusqu'sur la route. De temps en temps la blancheur de quelques flots écumeux apparaît dans les ténèbres. Le vent du large souffle par rafales humides. Nous avançons tout doucement sur un sol horriblement défoncé, vers la ville de l'Océan qui brille devant nous.

A notre arrivée Cadix a l'air en fête comme toutes les villes espagnoles du sud; dès la nuit venue, fête perpétuelle, fête de la fraîcheur, de l'air pur et de la nuit!

Il faut circuler dans un dédale interminable de minuscules rues dans lesquelles deux voitures ne pourraient passer de front, que dis-je, une seule voiture, la nôtre, passe difficilement et l'on est obligé de prendre toutes sortes de précautions pour ne pas frotter les garde-boue aux murailles.

On arrive cependant sur la *plaza de la Constitucion*, assez large et ombragée, au milieu de laquelle se trouve l'*Hôtel de Cadix* qui a eu l'honneur de réunir tous nos suffrages (1).

Cet hôtel est simple, mais très bon et nullement andalou quant au service. Le patron et son personnel sont d'une complaisance à laquelle nous n'étions plus habitués et qui nous surprend agréablement.

Mardi, 27 août.

Cadix est dans une situation unique et bien curieuse. Cette ville, dont la fondation remonte à la plus haute antiquité puisque les Phéniciens en jetèrent les premières bases plus de mille ans avant Jésus-Christ, est construite sur un roc en

---

(1) SÉVILLE — CADIX : 164 kilomètres. — *Route :* détestable de Séville à Alcala ; médiocre d'Alcala à Utrera ; très bonne d'Utrera à Puerto-Real, sauf pendant quelques kilomètres avant Jerez ; mauvaise de Puerto-Real à Cadix.

plein Océan; son étroit territoire n'est relié à la côte d'Espagne que par une mince et longue jetée où ne trouvent place que la route et le chemin de fer. De tous côtés l'Atlantique vient battre ses murailles de ses vagues verdâtres. L'étroit espace dont les habitants disposaient les a obligés, pour ménager la place, à construire en hauteur, ce qui a fait que dans ce pays où l'on a l'habitude de ne voir que des maisons aplaties, Cadix, avec ses maisons à multiples étages, s'est faite une physionomie bien à elle. Toutes ses habitations n'en ont pas moins tenu à conserver, plus que partout ailleurs, leurs patios et leurs miradores, leurs patios où les heures du jour se passent nonchalantes et fraîches, leurs miradores d'où l'on contemple l'enchantement des nuits étoilées sur l'Océan sans limites.

Cadix a encore un aspect spécial à cause de la peinture de toutes ses maisons : jaune clair, rose pâle, vert d'eau, au lieu de l'habituel badigeon blanc.

Cadix est, qu'on la regarde de la terre ou de la mer, une ville qui charme le regard : c'est une ville plaisante, pittoresque, jolie, c'est un admirable coup d'œil; aussi les Espagnols, voulant exprimer son brillant aspect, l'ont-ils surnommée *la Taza de plata,* la tasse d'argent.

Cette ville a une histoire curieuse, une histoires de hauts et de bas, d'ères de prospérité suivies de périodes de misère. Ce fut toujours un entrepôt de marchands, riche quand le commerce allait bien, malheureux dès que les échanges se ralentissaient. On peut dire encore que ce fut la ville des métaux, car c'est au trafic de ceux-ci qu'elle dut sa fortune. Les Phéniciens la fondèrent pour servir d'entrepôt à l'argent et à l'étain qu'ils allaient chercher dans les Gaules et jusqu'en Angleterre. Les Carthaginois, les Romains, qui furent ensuite ses maîtres successifs, l'enrichirent par le même commerce; ils lui donnèrent en plus la qualité de port de guerre et y formèrent de nombreuses flottes. Sous les empereurs romains, Cadix était parvenue à un degré de prospérité qui la classait parmi les villes les plus riches de l'empire. Les invasions barbares, puis l'arrivée des Arabes ayant tari son commerce, Cadix est ruinée et dépeuplée. On aurait pu croire sa ruine définitive; la découverte de l'Amérique la galvanisa tout à coup. L'or des nouvelles possessions espagnoles afflua bientôt dans son port où l'amenaient sans cesse les galions. Le commerce des métaux précieux qui l'avait fait naître la ressuscita et l'amena rapidement à un degré de prospérité qu'elle n'avait peut-être pas connu lors de sa splendeur antique. La perte progressive des colonies espagnoles diminua ensuite peu à peu son trafic. Hier, l'Espagne se voyait enlever sa dernière colonie; Cadix depuis lutte courageusement pour conserver quelques bribes de son ancien commerce, mais malgré son aspect brillant c'est une ville qui va toujours s'appauvrissant.

Le *Port* est situé du côté de la baie de Cadix. Des grandes jetées, où s'amarrent maintenant de trop peu nombreux navires, on a une fort intéressante vue sur la ville. Cadix, la jolie *ciudad*, a ainsi très grand air avec ses maisons bien construites et la belle architecture de ses monuments qui se détachent sur le ciel laiteux.

Une agréable promenade est celle qui consiste à faire entièrement le tour de la ville par le chemin qui court sur ses murailles. Cadix est ceinte de murs épais qui baignent dans l'Océan, de murs très élevés au-dessus du flux et du reflux de la marée; on peut faire ainsi un tour complet pendant lequel la vue profite d'un spectacle toujours nouveau. A l'est on voit le port, la première baie et les villes qui reposent à ses bords : Rota, Puerto de Santa-Maria, Trocadero; au sud, la seconde baie avec ses marais salants et les villes de Puerto-Real, La Carraca, San Carlos et San Fernando et la longue jetée qui, comme un câble, amarre Cadix à la côte. A l'ouest, l'Océan infini aux flots d'émeraude qui déferlent régulièrement sur la plage de sable. Au nord enfin, la côte d'Espagne qui fuit en remontant et qui se perd dans un horizon de légères vapeurs, la côte qu'on suit par la pensée au delà des limites de la vue jusqu'après le Guadalquivir, plus loin, plus loin, vers ce centre de souvenirs qu'est l'embouchure du *rio Tinto* avec Palos et la Rabida : *Palos,* le petit port d'où Christophe Colomb s'élança à la découverte du Nouveau Monde, *La Rabida,* le couvent où l'illustre navigateur séjourna.

Au cours de notre circulaire promenade je dois mentionner la visite que nous avons faite à la petite église de *Santa Catalina,* située dans un ancien couvent de capucins. Nous allions y voir la toile de Murillo, *le Mariage mystique de sainte Catherine,* la dernière œuvre du maître ; Murillo travaillant à ce tableau tomba de son échafaudage et mourut des suites de cette chute.

Pour rentrer déjeuner à l'hôtel, nous avons parcouru les vieilles petites rues qui entourent la cathédrale et où l'on voit un peuple très original. Les *gaditanes* effrontées avec leurs grands châles à franges, aux couleurs vives et brodés de fleurs, sont généralement jolies au possible. Elles ne mentent pas à leur antique descendance ; Cadix, la *Gades* romaine, pourvoyait Rome de danseuses célèbres par leur beauté et leur... désinvolture.

Je recommande tout spécialement la cuisine de l'*Hôtel de Cadix,* elle est délicieuse et a le bien-heureux mérite d'être accompagnée d'une cave incontestablement supérieure. Un déjeuner dans cet hôtel, suivi d'un café lentement siroté dans le frais patio, est un bienfait des dieux ! Il nous fallut cependant nous arracher aux délices de Cadix, notre âme errante de voyageurs nous poussant toujours plus loin. A 3 heures et demie, le chargement des bagages sur l'auto étant achevé, nous sortions de la place de *la Constitucion* et par *le Môle* et la *Porte de Mer* nous débouchions sur la digue.

Arrivés ici hier après le coucher du soleil, nous eûmes le plaisir d'admirer Cadix avec toutes ses lumières. Aujourd'hui, au grand jour du lumineux soleil presque africain, la Tasse d'Argent scintille sous les feux du ciel.

La jetée traverse d'abord les flots de la mer : d'un côté l'Océan immense et de l'autre la double baie de Cadix. A mesure qu'on se rapproche de la côte les flots s'éloignent, puis les abords de la digue se convertissent en marais salants dont les blancheurs éclatantes réfléchissent le soleil. Il doit s'extraire de là des quantités infinies de sel, car on en voit à perte de vue des deux côtés de la route, des piles et des piles, des tas, des pyramides de 7, 8, 10 mètres de hauteur qui semblent autant de blanches collines. Une voie de chemin de fer serpente au milieu du précieux résidu de la mer pour l'aller porter au loin.

Après avoir traversé *San Fernando*, on atteint rapidement la bifurcation où l'on prend la route d'Algésiras.

Tout de suite un obstacle sérieux se dressa devant nous. Un rio profond, ou plutôt un canal allant répandre l'eau de la mer dans les marais salants, barre la route. Il y a bien un pont, mais un pont de bateaux, dont le tablier mobile suit le niveau de l'Océan, montant avec le flux, descendant avec le reflux. Au moment où nous arrivons, la marée est haute et le tablier est relié des deux côtés à la rive par des lignes brisées à 45°; impossible de passer avec la longue voiture dont l'empattement est trop grand et le ventre trop bas. Il nous fallut attendre que la marée descendît un peu, puis au moyen d'un savant assemblage de planches glissées sous les roues, nous pûmes franchir ce mauvais passage.

Chiclana de la frontera est une vieille ville,

sale, vilaine, mal bâtie et encore plus mal pavée que toutes celles que nous avions traversées jusqu'ici. Comme plusieurs autres villes de la région, elle doit son appellation de *de la frontera*, à ce qu'à une époque du moyen âge (quatorzième siècle) elle se trouva à la frontière des derniers États mauresques.

La route, qui était mauvaise depuis Cadix, ira désormais en s'améliorant au point de devenir bientôt tout à fait bonne, aussi bonne que les routes de France. Qui eût cru cela? Dans l'extrême Sud de l'Espagne! Elle est longtemps bordée de beaux eucalyptus et traverse une région bien cultivée, de vignobles surtout. Puis elle rentre dans le désert, dans la brousse de petits arbustes, sans cultures, sans maisons, sans pueblos. De grands troupeaux de taureaux, de chèvres rousses, de moutons et de porcs noirs ou marrons, paissent dans la lande, gardés par des pâtres à cheval.

Bien que pas très éloigné, l'Océan est invisible, caché derrière les montagnes qui bordent la côte.

Veger de la frontera est un village assez insignifiant, perché sur sa roche et qu'évite la route. Ce pueblo n'a d'autre intérêt que d'être situé non loin du célèbre *cap Trafalgar,* où Nelson perdit la vie dans le triomphe de sa victoire. Au pied du village, on laisse à gauche la route qui va sur *Medina Sidonia,* on s'enfonce dans une gorge étroite où l'on traverse le *rio de l'Alamo,* puis après une montée, on pénètre au milieu d'une lande déserte et grandiose.

Les rares humains que nous rencontrons ont l'air sauvage. Tout de gris habillés, vestes courtes et rondes, pantalons évasés dans le bas et garnis de lacets flottants, larges sombreros, presque tous à cheval, on dirait des *gauchos* des *pampas* de l'Amérique du Sud ; ceux-là doivent sans doute venir d'ici, Espagnols aussi.

On passe non loin de la grande *lagune de la Janda,* que nous trouvons à peu près à sec. Le pays se fait de plus en plus désert et sauvage ; cette région du Sud, cette fin extrême de l'Europe, a un cachet de grandeur qui impressionne fortement : on se sent si petit au milieu de ces solitudes !

Sur la route lisse, l'auto court avec une sorte de furie ; sans m'en douter j'ai rendu la main à mon puissant moteur qui en profite pour fuir cette région sauvage. Une véritable griserie d'air et de vitesse nous a tous gagnés et nous savourons âprement la joie de nous sentir emportés au milieu de ces landes inhabitées et sinistres.

Inconsciemment, notre allure s'est accrue dans des proportions inhabituelles : l'indicateur de vitesse, consulté par hasard, m'apprend tout à coup que nous marchons à 90 kilomètres à l'heure. Fâcheuse imprudence dont nous n'allions pas tarder à payer l'inévitable conséquence. A peine avais-je réduit normalement notre vitesse qu'une brusque détonation nous annonçait la mort d'un pneumatique.

La voiture est maintenant silencieuse au bord de la route : c'est l'arrêt en plein désert; l'impression poignante de tout à l'heure nous étreint de nouveau, plus violemment encore. Nous sommes là quatre, isolés, livrés à nous-mêmes, dans l'immensité vide, à des kilomètres et des kilomètres de toute habitation, réellement sous l'obsession de l'idée d'isolement, n'apercevant autour de nous que des montagnes, de la terre et quelques maigres arbustes; pas un homme, pas un être vivant! Si l'auto venait à refuser tout service, que ferions-nous? Que deviendrions-nous?...

Mais voici que le moteur a de nouveau rompu le silence par ses joyeux ronrons. Sous l'effort vigoureux et adroit de mon mécanicien, le bandage détérioré a vite été remplacé par un neuf. Nous repartons après un arrêt de trois quarts d'heure à peine.

Les sommets de *la Sierra de la Luna* se profilent devant nous dans l'azur du ciel ; le désert se peuple de végétaux civilisés : des chênes-lièges croissent sur les hauteurs. Une coupée de montagnes qu'on traverse et nous arrivons au rivage : l'Océan, *le détroit de Gibraltar*.

En suivant la côte nous gagnons *Tarifa*.

Tarifa est la ville la plus méridionale de toute l'Europe ; plûs bas, bien plus bas au sud qu'Alger. Pittoresquement étendue au bout de son cap, elle est la sentinelle avancée de l'Europe civilisée en face de l'Afrique sauvage dont la côte, la côte de Barbarie, est là devant toute proche, visible à l'œil nu. Tarifa est au milieu du détroit de Gibraltar, son phare rouge, qui éclaire ce corridor de la navigation, voit à son pied les flots de la Méditerranée se marier aux vagues de l'Océan Atlantique.

Après Tarifa, la route s'engage dans une série de lacets et s'élève sur les pentes de la sierra ; la nuit nous surprit brusquement dans la montée, tout est noir maintenant, seule la route blanchit sous l'éclat des phares à acétylène ; dans les tournants, l'éclairage illumine quelques instants des pans de montagnes ou le feuillage sombre des chênes verts. Tout à coup la descente commence, et en même temps apparaissent de nombreuses lumières, vives, rangées sur une longue ligne, mais paraissant très loin, très loin. C'est Gibraltar qui brille là-bas dans la nuit, au bout de sa pointe, de l'autre côté de la baie d'Algésiras.

Nous descendons lentement une route aux détours sans nombre, ayant constamment les lumières de Gibraltar devant nous, de l'autre côté de l'eau; le coup d'œil est merveilleux, on dirait une illumination. Au bas de la sierra, la route entre dans une ville qui paraît sale et délabrée : c'est *Algésiras* (1).

Il est 8 heures et demie du soir, nous gagnons l'*Hôtel Reina Christina,* situé quelque cent mètres en dehors de la ville, au milieu d'admirables jardins descendant jusqu'à la mer.

Mercredi, 28 août.

L'*Hôtel Reina Christina* est cet hôtel qui abrita la troupe nombreuse de diplomates venus ici l'hiver dernier pour participer à la trop fameuse Conférence !

Il est tout neuf et paraît représenter exactement le type de l'hôtel moderne absolument par-

---

(1) CADIX — ALGÉSIRAS : 122 kilomètres. — *Route :* mauvaise de Cadix à Chiclana, excellente de Chiclana à Algésiras.

fait. Entouré de la végétation exotique d'un immense parc, situé sur une légère éminence d'où l'on découvre toute la baie, juste en face du roc de Gibraltar, il est construit et agencé suivant les règles du confort le mieux compris. Il est composé de plusieurs corps de bâtiments disposés en étoile et venant se rejoindre au centre sur un cinquième au milieu duquel est réservé un patio large et commode. Chacun des bâtiments est étroit, afin de ne comporter qu'un appartement et qu'un couloir en largeur : le couloir derrière, les chambres en façade. Il n'y a qu'un seul étage afin que toutes les chambres soient aussi bien situées les unes que les autres. Toutes les chambres ont des balcons et celles des bouts possèdent une véritable véranda italienne avec colonnes de pierre et toiture. Au rez-de-chaussée une galerie couverte suit toutes les façades et sert à abriter des rayons du soleil ou de la pluie tout en permettant de jouir constamment de l'admirable spectacle qu'on a de tous les points de cet hôtel modèle. Si j'ajoute que tous les perfectionnements qu'a pu faire naître l'amour du confortable le plus recherché sont ici réunis, que le service y est admirablement fait, qu'une propreté méticuleuse y est observée, que la cuisine en est supérieure, j'aurai, je crois, fait la description de l'hôtel rêvé par tous les voyageurs les plus difficiles, et cet hôtel, nous l'avons trouvé au fin fond de l'Espagne, ce pays où, paraît-il, nous ne devions pas pouvoir nous loger convenablement. Cet hôtel est tenu par une Société anglaise; son personnel est presque entièrement français, car la direction n'a jamais pu mettre la main sur des garçons espagnols complaisants et polis.

La chambre dans laquelle on m'installa est celle qui fut occupée durant la Conférence par le délégué de l'Espagne, le duc d'Almodovar, qui présida le diplomatique cénacle.

Ce matin, avec le jour, changement à vue. Dès mon réveil, je me suis précipité à la fenêtre : merveilleux! Gibraltar est là devant nous, de l'autre côté de la baie. La ville anglaise est allongée sur la base de l'énorme rocher qui semble un lion couché dans la mer et tourné vers l'Europe. Le roc est une grosse montagne qui a plus de 400 mètres de haut; il est troué de casemates et d'embrasures comme un nid de fourmis et tout hérissé de canons.

La baie est très jolie, très verte; Algésiras fait face à Gibraltar. La ville espagnole semble regarder jalousement sa rivale anglaise qui est florissante et forte, tandis qu'elle végète et se délabre lamentablement; mais Algésiras a eu sa Conférence!

Sur la droite, de très hautes montagnes paraissent fermer le détroit : c'est la côte du Maroc, c'est là que nous irons demain.

Bien que l'empire chérifien soit en plein mouvement xénophobe, bien que la France soit virtuellement en guerre avec le Maroc, — il y a quelques jours seulement que Casablanca était bombardée par la flotte française et à l'heure actuelle les troupes du général Drude combattent les Maures fanatisés, — nous espérons ne pas retrancher de notre programme, Tanger, que nous nous étions promis de visiter. Avant de partir on nous a prédit que nous ne pourrions pas débarquer à Tanger ou qu'en tous cas notre sécurité y serait fort compromise. Nous verrons bien.

Car le voyage à Tanger me paraît le complément indispensable d'un voyage en Espagne. Les Maures, chassés de la péninsule, s'en furent d'où ils étaient venus : en Barbarie, au Maroc. C'est donc à Tanger qu'il faut aller voir les anciens Arabes d'Espagne. C'est là-bas seulement que nous pourrons nous faire une idée définitivement exacte des villes d'Espagne qu'ils construisirent pour eux, mais qu'ils n'habitent plus.

En attendant nous allons consacrer notre journée d'aujourd'hui à visiter Gilbraltar.

Le bateau à vapeur qui fait le service de la baie met à peine une demi-heure pour aller d'Algésiras à Gibraltar.

A mesure qu'on s'en approche, la montagne anglaise ressemble de plus en plus à une énorme bête couchée. On dirait d'abord une île, mais de tout près on constate qu'elle tient à la terre ferme par une étroite bande, très basse, à peine plus haute que les vagues. Le rocher abrite une quantité infinie de canons et de travaux de défense ; on le dit imprenable, surtout avec l'appui de la flotte anglaise.

Gibraltar en elle-même est une ville peu intéressante. L'architecture est insignifiante, les monuments nuls. Les rues en sont très propres : ça c'est anglais ; les magasins fort sales : voilà qui sent son espagnol ! En effet, Gibraltar est une ancienne ville espagnole, encore habitée par beaucoup d'Espagnols. On y voit aussi de très nombreux visages britanniques, mais tous fonctionnaires ou touristes.

La ville est grouillante de soldats anglais. La garnison en compte six mille sur un total de vingt-cinq mille habitants !

On y rencontre beaucoup de Maures en costume indigène qui annoncent la proximité du Maroc.

Le port de guerre est allongé entre la ville et d'immenses jetées. Il a l'air formidable ; nous y vîmes une quantité de grands cuirassés anglais et parmi eux un croiseur français, le *Du Chayla*, venu s'approvisionner de charbon et se reposer un peu de la dure campagne qu'il poursuit actuellement au Maroc pour y appliquer les résultats de la Conférence d'Algésiras !

A l'aspect de cette montagne farouchement fortifiée, de cette ville qui n'est qu'une vaste caserne et qu'un immense entrepôt militaire, de ces batteries, de ces redoutes, de cet arsenal plein de bruit et de mouvement et bourré d'approvisionnements et de montagnes de charbon, de ce port enfin où la première puissance navale du monde peut réunir ses imposantes flottes, on a l'impression de la place forte de premier ordre, de la citadelle inexpugnable.

Et si l'on considère ensuite la situation de ce formidable amoncellement de puissance militaire : au bout d'une pointe qui s'enfonce comme une lame effilée au cœur du détroit, à quelques kilomètres de la haute muraille de roches qui forme la rive africaine, on comprend alors que Gibraltar est réellement la clef du passage de l'Atlantique dans la Méditerranée, que sans l'assentiment des Anglais aucun navire ne pourrait entrer dans le « lac français » ou en sortir !

Sur la grande montagne calcinée croissent de maigres arbustes. Il paraît qu'ils servent d'abri à quelques singes sauvages, les seuls représentants de cette gent en Europe. Pour les voir, nous avons été faire une longue promenade dans les lieux qui leur sont réservés, mais à mon grand regret, il m'a été impossible d'en apercevoir un seul. Ces singes sont sous la protection des lois anglaises : une partie de la montagne est leur domaine propre et il est interdit de les tuer.

En revenant de Gibraltar on a une vue nouvelle de la baie : cette fois c'est Algésiras qui en fait le fond, ses maisons forment une longue ligne blanchâtre entre la mer bleue et le vert sombre de la campagne; cette opposition de couleurs ressort très nettement sur un fond grisâtre formé par *la sierra de los Gazules*. Ce panorama est riant et reposant, l'harmonie des nuances, les dentelures des montagnes qui entourent la baie, la fraîcheur des rives garnies de végétation, le pittoresque du roc anglais et de la barrière marocaine, la courbe gracieuse du rivage, tout cela forme un ensemble grandiose et cependant intime dans lequel l'idée de séjour prolongé s'éveille impérieuse et nonchalante. Tout ce beau tableau est parsemé, traversé, noyé de bleu : la mer pénètre tout de ses méandres, le ciel domine, ciel de cobalt, mer d'indigo.

La baie, le détroit, Algésiras et Gibraltar, coup d'œil inoubliable; c'est une des plus belles choses que mes pérégrinations de touriste aient amenées devant mes yeux.

Le soir, des terrasses de l'hôtel Reina Christina, nous avons eu le spectacle d'un curieux lever de lune au-dessus de Gibraltar. D'abord on n'apercevait devant soi que la longue ligne de lumières de la ville anglaise qui semblaient comme suspendues dans le vide, puis peu à peu la lune apparut accompagnée de sa douce lueur argentée, changeant le spectacle; à mesure que les rayons lunaires faisaient pâlir les lumières humaines, un tableau sortait de l'obscurité, les montagnes et les rives apparaissaient et la mer jusque-là invisible scintillait sous le regard de la lune.

Jeudi, 29 août.

Il faut environ trois heures pour aller d'ici à Tanger. Dans la baie peu profonde d'Algésiras les navires mouillent loin de la côte; il nous fallut prendre une barque pour nous faire conduire à bord du *Joaquim Pielago,* un sabot espagnol dansant même sur la mer calme, qui fait trois fois par semaine le service entre Cadix, Gibraltar, Algésiras et Tanger.

Au départ on voit d'une nouvelle façon les merveilles de cet admirable coin de fin d'Europe : Algésiras, Gibraltar, la baie, le rocher, les montagnes forment alors un tableau unique dont les yeux ne peuvent se détacher et en tous cas dont ils se souviendront toujours.

Le bateau pénètre dans le détroit qui a l'air d'un large fleuve dont les deux rives se distinguent très nettement, un fleuve coulant entre deux continents!

Jusqu'au *cap de Tarifa* on suit de très près la côte espagnole qui fuit vers le sud. La dernière ville d'Europe apparaît vieille et blanche sur sa pointe, entourée d'épaisses murailles mauresques, dominée par le dôme imposant de son église, très pittoresque.

Le bateau cingle alors droit vers l'Afrique. De la Méditerranée on a passé dans l'Océan, les courtes vagues se sont faites longues et affadissantes, le cœur de bien des passagers se soulève maintenant en même temps que le navire! Ces parages sont toujours pénibles à cause de la violence des vents qui s'échangent entre les deux mers et il est rare que les gens qui craignent tant soit peu le mal de mer n'en soient pas atteints pendant cette traversée cependant si courte. Au tour de moi, je n'ai plus que des figures verdâtres, des visages navrés, des attitudes penchées... au-dessus des bastingages! Tout ce monde souffre sans qu'on y puisse remédier; je n'ai d'autre ressource que de me réfugier dans une philosophique pipe!

Au fond d'une baie qui s'arrondit élégamment en forme de coupe et dont les rives descendent doucement à la mer par une plage de sable fin, étagée en amphithéâtre, entourée de vieilles murailles ébréchées, couronnée de sa Casbah, éclatante de blancheur sur la colline verte, *Tanger* apparaît à nos yeux ravis.

Lentement le bateau approche de cet endroit que nous désirions si impatiemment voir; on a le temps de se repaître de tous les détails de ce décor africain qui, sorti de la brume de l'Océan, grandit et se précise peu à peu sous les rayons étincelants du soleil d'or.

La mer est couverte d'embarcations qui s'approchent de nous à force de rames et d'où monte une clameur. Ce sont des indigènes qui viennent nous chercher pour nous conduire à terre.

Tanger est un port arabe, c'est-à-dire tel que

le fit la Nature, sans travaux, sans aménagement aucun. Il est peu sûr, peu profond et nullement abrité. On construit une jetée où les navires pourront accoster, mais actuellement ils s'arrêtent fort loin du rivage et nous devons atterrir au moyen des embarcations marocaines qui nous conduisent à un vieux môle de bois. Ce môle est lui-même un perfectionnement, car avant lui la dernière phase du débarquement se passait à califourchon sur les épaules de porteurs nègres qui vous extrayaient des barques, galopaient dans l'eau sale et vous déposaient sur le sable. Le port actuel de Tanger n'est qu'une vulgaire plage où l'eau vient en mourant et où les petites barques elles-mêmes ne peuvent aborder. Les marchandises se déchargent encore à dos de nègres, procédé primitif mais étonnamment pittoresque qui est toujours accompagné d'un concert de cris et de vociférations indescriptible.

Sur le môle nous nous trouvons au milieu de la foule africaine bariolée et glapissante. Ce ne sont que visages de bronze; arabes, bédouins et nègres qui crient, s'agitent, sautent, semblent épileptiques mais ne font nulle besogne. Les couleurs des vêtements sont tellement vives que nos yeux en sont irrités : burnous blancs, vert-pré, rouge sang, jaune canari, violet d'une crudité aveuglante. Et de cette foule se dégage une odeur de fauve, âcre et écœurante. Oh! que c'est bien l'Afrique, l'Orient! Nos sens affinés de septentrionaux souffrent au contact de ces manifestations trop violentes pour eux : les oreilles bourdonnent de hurlements, les yeux cuisent de soleil et de couleurs trop vives, l'odorat s'irrite de relents insupportables. On se sent pris de l'envie de taper sur ces sauvages pour les faire taire.

Tanger, ville diplomatique du Maroc, possède deux ou trois hôtels européens; le meilleur est l'*Hôtel Continental*, simple mais confortable et très bien tenu par des Anglais. Il domine le port et ses fenêtres donnent une admirable vue sur la ville et sur la mer.

En quittant le port on ne peut pénétrer en ville que par la *Porte de la Mer*, formée de trois voûtes en forme d'arcs arabes, étroites et basses et sous lesquelles passe et s'écrase tout le mouvement maritime de Tanger. Puis on s'engage dans une ruelle étroite, roidement inclinée, durement pavée où l'on n'avance qu'au milieu d'une éternelle bousculade. Point de voitures, mais des hommes et des ânes lourdement chargés, les seconds seulement montent et descendent sans cesse. Humains et bêtes vous bousculent et, si vous voulez passer, il faut bousculer bêtes et hommes vous aussi. Impossible de s'arrêter, le flot s'y oppose, un âne vous pousse de la tête, un autre âne vous accroche avec sa charge. Nous dûmes ainsi avancer sans trêve dans les petites rues, jusqu'à l'hôtel.

Nous sommes arrivés ici à midi. Notre premier travail fut naturellement de déjeuner, d'abord par habitude, ensuite pour ne pas faillir à notre devoir de voyageurs consciencieux, et savoir comment on mange en Afrique. Eh bien! on y mange fort bien, à l'Hôtel Continental tout au moins. Une excellente cuisine vous y est servie par un personnel maure en costume national, poli, prévenant et silencieux.

Nous sommes les seuls voyageurs actuellement à Tanger. Il paraît que la guerre a non seulement arrêté la venue des étrangers, mais qu'une sorte de panique s'est emparée de la colonie européenne et que ceux de ses membres que des intérêts majeurs ne retenaient pas ici ont été se mettre à l'abri de l'autre côté du détroit. Notre arrivée a donc causé une certaine sensation, on a admiré notre courage, et notre amour-propre aidant nous ne sommes pas loin de nous considérer comme des héros!

Des fenêtres de l'hôtel nous découvrons le port et ses mille barques; de nombreux vapeurs sont mouillés au milieu de la baie, et parmi eux, les dominant du haut de son écrasante majesté de colosse, le *Jeanne d'Arc* qui nous protège de sa présence contre le fanatisme des Marocains en pleine ébullition. Nous dominons juste la plage sur laquelle s'agite et hurle la horde africaine, les travailleurs du port qui font énormément de bruit mais excessivement peu de travail. Ces gens sont étonnants; ils ne peuvent faire le moindre mouvement sans crier comme des possédés, un sac qu'on déplace amène une dispute interminable, une outre qu'on remplit est le prétexte de cris et de gestes que nous ne voyons en France que pendant les émeutes, un bourricot qu'on charge entraîne des discussions dont l'écho nous parvient assourdissant; mais jamais ces querelles ne sont suivies de coups, non, des cris seulement. Chaque cri est cause d'un arrêt dans la besogne; je n'ai jamais vu travailler aussi peu, mais je n'ai jamais entendu crier autant.

A notre droite la ville toute blanche réverbère le soleil et renvoie dans les cieux un faisceau de clarté, comme la colonne de lumière qui s'élèverait, selon les musulmans, au-dessus de la mosquée du Prophète à Médine.

Nous consacrons notre soirée à une visite méticuleuse de Tanger. Nous nous hissons sur des mules et, précédés d'un guide arabe au burnous flottant, suivis d'un garde du corps indigène, nous voici trottant dans les microscopiques rues. Oh ! que voilà bien la ville orientale encore toute sauvage ! Combien moins modernisée que Constantinople ! Ici point de fard : ruelles étroites et tortueuses, sales, sans aucune voirie, maisons arabes dans toute leur simplicité et cette fois peuplées d'Arabes, de vrais Arabes à la face caractéristique et dont pas un n'a encore abdiqué le pittoresque costume national. Burnous et turbans, tout le monde est ainsi vêtu, sauf de très rares Européens, Espagnols pour la plupart et à moitié arabisés. Teint bronzé des Arabes, barbes hirsutes des juifs, femmes voilées et quantité de nègres dont certains du plus magnifique noir.

Nos mules grimpent comme des chèvres dans des ruelles qui sont des escaliers irréguliers et dangereux. S'il nous fallait passer à pied dans certains endroits je crois que nous y renoncerions... et puis marcher dans un tas de choses innommables !

Et cependant Tanger est infiniment moins sale que les villes turques ; l'odeur infecte qui se dégage de toutes les rues de Stamboul n'existe pas ici, ou tout au moins est fort atténuée.

A force de grimper, les pieds agiles de nos

mules nous portèrent sur la *Casbah*. C'est une place, située au point culminant de la ville, et qui est entourée des principaux monuments publics. Il y a là le *palais du Sultan,* délabré mais exquis de grâce comme ce que nous avons vu du style mauresque en Espagne, le *palais de Justice,* la *prison* où l'on nous présenta un certain nombre d'*amis* de Raisouli qui méditaient sur l'instabilité de la fortune de leur patron en tressant des ouvrages de paille et qui nous demandèrent effrontément de l'argent, le *palais de la Trésorerie* dont l'intérieur est un fouillis de sculptures sur stuc qui rappellent les merveilles de l'Alhambra de Grenade, le *palais du Gouverneur* devant lequel des soldats chérifiens montaient la garde avec un air qui n'avait rien de martial.

Tous ces monuments sont fort mal conservés ; ils tombent en ruines, leur décoration a presque disparu. Par ce qu'il en reste on peut cependant se rendre compte que les Maures de Barbarie étaient parvenus à un aussi haut degré de civilisation que leurs frères d'Espagne. Ces édifices sont contemporains de ceux de la Péninsule ; depuis, plus rien, la barbarie et les ténèbres ! Il semble que l'expulsion des Maures d'Espagne ait été le signal de la déchéance de toute la race, de la déchéance des Arabes qui étaient restés au

Maroc comme de celle des Arabes qui fuyaient leur patrie perdue. L'histoire nous donne ici un exemple frappant de cet éternel recommencement dont elle est faite. Jadis les Maures civilisés donnaient des leçons de tolérance aux Castillans fanatiques, les Arabes d'Espagne toléraient la religion catholique, les catholiques au nom de la guerre sainte pourchassaient et exterminaient les Maures. Aujourd'hui ce sont ces mêmes Maures, redevenus barbares, qui se sont fanatisés et qui déclarent la guerre sainte aux catholiques civilisés et tolérants!

Les commencements de l'histoire de Tanger et du Maroc sont sensiblement les mêmes que ceux de l'Espagne. La *Tingis* romaine faisait partie de la province d'Espagne Ultérieure, l'empire romain s'étendait sur le Maroc actuel. Les dernières vagues des barbares germaniques vinrent déferler jusque sur les côtes d'Afrique. Tanger fut longtemps la possession des *Vandales*. Ce ne fut qu'au début du huitième siècle que les Arabes du califat de Damas s'emparèrent du Maroc, c'est-à-dire quelques années seulement avant de passer en Espagne. L'invasion arabe, venue d'Orient, avait suivi la côte méditerranéenne d'Afrique, l'Océan Atlantique lui opposa une infranchissable barrière; les cavaliers du désert étaient parvenus à l'extrême limite de l'Occident, ils appelèrent le pays le *Maghreb el Ahksa* ou contrée de l'Occident extrême; le nom moderne du Maroc est donc d'origine arabe. Mais des flots d'Arabes venaient toujours des déserts orientaux; les premiers arrivés, un instant arrêtés par l'Océan, refluèrent sur l'Espagne où nous avons vu les restes merveilleux de la civilisation à laquelle il parvinrent dans ce pays si bien conforme à leurs goûts et à leurs aptitudes. Les Arabes d'Espagne furent chassés après sept siècles d'occupation, ceux du Maroc sont restés, mais ne représentent plus à nos yeux que les descendants dégénérés et sauvages des Maures puissants et cultivés d'autrefois.

De l'une des portes de la Casbah on a une vue panoramique admirable sur toute la blanche ville.

Nous avons fait ensuite une longue chevauchée dans le réseau tournant et compliqué des rues de Tanger. C'est absolument la ville arabe, telle que nous l'avions vue maintes fois en Espagne, c'est Cordoue, Orihuela, Elche, Lorca, c'est la ruche bourdonnante, mais ici les abeilles remplissent encore les alvéoles, tandis que là-bas les frelons ont pris leur place.

Toutes ces petites rues sont extraordinairement étroites, une voiture n'y pourrait passer; il n'y a pas une seule voiture à Tanger, on n'y voit que des chameaux faisant les transports de l'extérieur et des ânes philosophiques qui circulent dans les rues en secouant leurs longues oreilles. Lorsque deux ânes se rencontrent, bien souvent l'espace est trop restreint pour leur permettre de se croiser, aucun des conducteurs ne veut reculer, il s'ensuit un arrêt prolongé dans la circulation, et il pleut des invectives. On n'arrive à rétablir la circulation qu'en faisant entrer l'un des burros dans une allée, voire dans une boutique.

Derrière la ville, au milieu d'une prairie desséchée, s'étale le camp de l'armée chérifienne : c'est un assemblage de tentes sales et déchirées qui furent jadis blanches, parmi lesquelles circulent quelques chevaux étiques, malades, déformés et des soldats aux uniformes en haillons. L'uniforme marocain, lorsqu'il est neuf, ne manque pas d'éclat : il est entièrement d'un beau rouge; mais il est rare de voir les soldats autrement que vêtus de lambeaux déchirés, sans boutons, maculés.

A 4 heures du soir, nous étions de retour à l'hôtel et de notre fenêtre nous vîmes les *muezzins* appeler à grands cris les fidèles à la prière du haut des minarets carrés. Sur les terrasses blanches, de nombreux musulmans ont étendu leur petit tapis, et face à La Mecque, se prosternent longuement.

Tanger a près de 80 000 habitants, se décomposant en 25 000 Arabes, 20 000 Juifs, 20 000 Espagnols plus ou moins arabisés et un assemblage hétéroclite d'individus appartenant à toutes les races ; parmi ces derniers, quelques Européens proprement dits, dont le nombre tend à croître tous les jours, mais encore totalement noyés dans la masse indigène. Les Français et les Anglais sont en nombre appréciable ; à peu près pas d'Allemands.

Il y a un quartier européen qui est minuscule : c'est le *Petit Zocco,* espèce de rue un peu plus large que les autres ou plus exactement une place sur laquelle se trouvent les postes française, anglaise et espagnole. On y voit quelques cafés et des magasins à l'européenne, ce sont les seuls vestiges de notre civilisation qu'on puisse voir à Tanger. C'est sur cette place que se rencontrent les chrétiens, c'est le quartier des affaires.

Ce quartier européen est, en somme, surtout français.

L'influence française est prépondérante à Tanger. L'Allemand, malgré les efforts incessants de la politique impériale et malgré la Conférence, y est à peu près inconnu. Enfin, l'Anglais tient avantageusement la seconde place, mais on sent une influence qui décroît à la suite d'un effort qui s'abandonne.

L'influence espagnole est de tout autre espèce. C'est l'influence du nombre plus que celle de la force. L'Espagne est présente à Tanger, parce qu'elle y a de nombreux enfants, son influence y est la même que celle qu'elle peut avoir, par exemple, à Oran, en pleine colonie française. L'Espagnol semble ici plus près du Maure que de l'Européen, du sauvage que du civilisé.

Nous apprenons à Tanger que les provinces du Sud viennent de proclamer un nouveau sultan, *Muley-Hafid,* frère du Sultan régnant. Voilà donc ce pays d'anarchie avec deux souverains! Abondance de biens ne nuit pas. Mais les sultans sont-ils des biens pour le Maroc?

On nous informe aussi que les troupes françaises ont infligé aux tribus marocaines une très sanglante défaite sous les murs de Casablanca et que l'Islam y aurait perdu plusieurs milliers de ses enfants.

Ces nouvelles, qui sont connues de tous les indigènes de la ville et de la campagne, ont produit ici une effervescence qui pourrait fort bien prendre une tournure grave au moindre incident. Ce sont ces craintes qui ont fait partir et qui font partir à présent encore la plupart des Européens.

Le Français, en particulier, n'est point trop mal vu à Tanger. La haine fanatique des musulmans englobe tous les étrangers, et, de la bouche même des indigènes, j'apprends que cette haine, ces mouvements de fanatisme, ont pris toute leur acuité à la suite de la malencontreuse Conférence d'Algésiras, qui a montré aux Marocains que toutes les puissances d'Europe voulaient une part du gâteau qu'est leur pays. Devenir Français comme leurs coreligionnaires algériens passerait encore, mais être partagés, déchirés entre tous les pays, offense outrageusement leur dignité, surtout qu'il y a pas mal de ces pays, comme l'Allemagne par exemple malgré la démonstration récente de son kaiser à Tanger, qui leur sont à peu près inconnus.

Ce qui nous a séduit ici, c'est qu'on peut y étudier la cité mauresque dans toute sa vérité. C'est ce que nous étions venus chercher. Nous voulions voir les Arabes chez eux, après avoir vu en Espagne les monuments et les villes de leur civilisation, afin de pouvoir remplir exactement par la pensée ces cadres vides aujourd'hui. A Tanger, rien d'apprêté ni de fardé, tout ce qu'on voit est vrai et nature. Tanger ignore encore ce que c'est que de vivre de l'exploitation du touriste, l'ère conventionnelle dans laquelle tout est montre et vernis pour l'œil du voyageur n'est pas encore révolue. Mais tout porte à croire que ces temps ne sont pas éloignés; bientôt le Maroc sera définitivement astreint à suivre les lois du progrès, Tanger sera alors la grande porte de pénétration dans le pays; elle deviendra l'une des plus grandes villes de l'Afrique méditerranéenne et verra accourir la bande curieuse des touristes cosmopolites.

Ces Arabes sont superbes. Jamais je n'avais vu d'hommes à l'allure aussi fière. Marchant comme des princes, portant haut leur tête altière, ils possèdent une réelle dignité, ils commandent l'admiration. Et puis le burnous de couleur vive, au coquet capuchon, est un costume si pittoresque et si crâne! Les hommes mariés portent le turban blanc enroulé autour du fez; les célibataires se coiffent d'un simple fez rouge sans turban. Les *hadji* (1) ont le privilège du turban vert.

Notre guide, *Selam Tabla,* un jeune Arabe algérien, était aujourd'hui revêtu d'un burnous améthyste, en soie; il était splendide à voir avec

---

(1) *Hadji* est le titre réservé aux seuls musulmans qui ont accompli le pèlerinage à La Mecque suivant les conditions prescrites par les saintes écritures.

son intelligente tête à peine estompée de l'ombre du capuchon.

Beaucoup d'Arabes paraissent **très** intelligents. On ne peut en dire autant des nègres et des Bédouins, qui semblent des brutes finies.

Dans les rues, sur le port, partout, le costume européen est très rare; la foule ne porte que le burnous et le fez.

Après notre dîner nous avons fait une chose qui n'était peut-être pas de la plus élémentaire prudence, mais qui eut pour nous un très vif intérêt. Accompagnés de notre guide arabe, précédés d'un autre indigène porteur d'un fanal, nous avons été courir la ville en pleine nuit. Il faut d'abord dire que, l'éclairage des rues étant absolument nul à Tanger, le porte-lanterne est à peu près indispensable si l'on veut entr'apercevoir quelque chose; malgré la vague lueur qui nous précédait, il nous arriva souvent de mettre le pied dans des choses bizarres ou sur le ventre d'Arabes endormis au beau milieu de la rue.

Cette nocturne promenade n'avait que de très lointains rapports avec celles qu'on fait à pareille heure sur les boulevards de nos villes de France, mais ce fut précisément ce qui en fit tout le charme. Comme dans l'Espagne du Sud, la population semble ne pas se décider à aller se coucher; jusqu'à une heure avancée de la nuit on voit les rues grouillantes de monde; les indigènes, qui eux n'ont pas besoin de lanterne pour reconnaître leur chemin, circulent lentement dans la nuit en conservant leur démarche solennelle, leurs burnous éclatants sortent parfois brusquement de l'obscurité et jettent des couleurs vives et surprenantes; beaucoup sont accroupis au pied des murailles et causent entre eux ou chantent de lentes complaintes qui rappellent les chiens aboyant à la lune; parfois d'une petite boutique borgne sort un trait de lumière éclairant un coin de rue qui apparaît en un tableau d'un pittoresque et d'un sauvage achevés. Les femmes voilées passent silencieuses et rapides, de grosses négresses guettent sur des seuils louches des aubaines crapuleuses, les groupes souvent nous lancent au passage des regards haineux et leurs faces rendues encore plus méchantes par la nuit nous disent tout ce que ces gens-là pensent des étrangers abhorrés; enfin les chiens arabes qui ont flairé des *roumis* nous clament les sentiments de leurs maîtres en furieux abois!

Tanger est un véritable dédale de rues étroites et tortueuses. L'obscurité donne à ce fouillis inextricable un air sinistre de labyrinthe mortel; qu'on se sent loin de notre civilisation! On est perdu, isolé au milieu de ce peuple qu'on sent hostile, dans cette ville qu'on sait rebelle à nos mœurs et à notre race.

Ces ruelles ont des étroitesses de couloirs, elles sont souvent moins larges que les allées de nos maisons modernes, elles n'ont pas 20 mètres sans un coude brusque, souvent elles passent sous de mystérieuses voûtes et traversent des files entières de maisons; alors il règne là-dessous des odeurs horripilantes pour nos narines! Si notre guide et notre éclaireur nous abandonnaient là, jamais nous ne serions capables de retrouver notre chemin pour rentrer à l'hôtel!

Nous pénétrons dans un café-concert arabe. C'est une petite salle, mais propre et coquette. Aux murs des tapis d'Orient et des carreaux de porcelaine aux vives couleurs, sur le sol d'épaisses nattes sur lesquels on s'assied à la turque. On nous sert de petites tasses de café maure et du *hatschich* dans de minuscules pipes. Bien entendu, je fis l'expérience du hatschich; j'espérais que cette clef des songes arabes me conduirait tout droit au Paradis de Mahomet, mais à ma grande surprise je ne ressentis aucun changement dans mon équilibre général. Je dois être un fumeur trop endurci et la dose n'était sans doute point assez forte. C'est fâcheux. Le

Paradis resta fermé pour moi et je ne pus contempler les délicieuses *houris* aux faces de lune!

Des musiciens arabes assis en cercle sur les nattes jouent de divers instruments : violon, mandoline, guzla, instruments indigènes à corde de formes bizarres rendant des sons plaintifs, et surtout l'éternel tambourin qui accompagne toutes les manifestations musicales des Arabes. De cet assemblage sortait un concert baroque de notes heurtées, tantôt doux et attristé, tantôt aigu et saccadé. Le rythme variait peu, mais il était d'une cadence parfaite et produisait une certaine sensation agréable. Ces musiciens jouaient tous très juste.

Des Maures étaient assis comme nous sur le sol autour des musiciens; les uns écoutaient gravement, d'autres jouaient impassiblement à divers jeux, d'autres enfin, et toujours imperturblablement, chantaient pour accompagner la musique.

Nous portons ensuite nos personnes curieuses dans un autre concert où l'on donnait des danses égyptiennes. Il y a là des chaises et des tables; la salle est assez vaste, remplie d'un opaque brouillard de fumée de tabac au milieu duquel nous avons d'abord quelque peine à discerner une nombreuse assemblée d'Arabes, de nègres et d'Hispano-marocains. Sur une estrade, trois musiciens misérables, dont l'un aveugle, et trois juives tout de jaune vêtues qui dansent et chantent à tour de rôle. Ces juives sont jeunes, grasses, flasques et fanées ; une épaisse couche de plâtre dissimule leurs faces, elles dansent, dansent, pendant des heures, des motifs dans lesquels le ventre joue le premier rôle. C'est la danse du ventre dans toute sa brutalité, dans sa dégoûtante obscénité. Que ces pauvres ventres doivent être fatigués le soir quand arrive l'heure du repos ! Et encore est-ce bien alors le repos pour eux ?

Enfin malgré l'heure avancée, — il est près de minuit, — notre cortège, toujours précédé de son porte-fanal et suivi de son guide, reprend ses pérégrinations nocturnes, pour aller voir danser des almées mauresques. Il faut bien tout voir !

Par des rues encore plus tortueuses et plus sales, plus sombres et plus odorantes, nous allons chez une vieille juive qui tient cette spécialité. C'est une énorme mégère, bouffie et fluctuante, qui entre-bâille une porte louche, parlemente longuement avec notre guide et enfin nous introduit dans un taudis infect. Dans une chambre étroite et basse, aux murs sales, meublée de quelques chaises boiteuses et d'un divan crasseux, deux belles filles maures de l'intérieur, deux fleurs au milieu du fumier, exécutèrent devant nous la danse arabe dans toute sa pureté. C'étaient deux enfants, quatorze ans à peine, mais formées et femmes complètement. Elles étaient bien faites et jolies : jeunes corps souples et onduleux, peau blanche et taille fine; leurs jambes étaient un peu courtes et leur taille un peu trop longue, c'est, je crois, le défaut de la race arabe; leurs gracieuses figures étaient comme illuminées par deux yeux noirs, profonds, veloutés, immenses!

A tour de rôle, elles firent défiler devant nos yeux toutes les scènes lascives de cette danse arabe qui est la parodie de l'amour; c'est encore la danse du ventre, non plus la danse sale et crapuleuse que nous avions vue tout à l'heure dans un café-concert, mais une succession de tableaux gracieux, un peu sauvages, extrêmement sensuels. Celle qui ne danse pas accompagne de ses cris l'autre qui s'agite et la vieille juive tape sur un tambourin en hurlant comme une possédée, pour marquer la cadence. Nos odalisques étaient d'abord revêtues de costumes un peu défraîchis, mais qui furent somptueux; quand la danse en fut à ses derniers tableaux, leur vêtement était devenu beaucoup plus sommaire, rudimentaire même. Il faut bien tout voir!

Estimant avoir rempli suffisamment notre journée, nous avons ensuite regagné l'hôtel en suivant docilement notre guide à travers le jeu de patience des ruelles de Tanger, et nous nous sommes couchés la conscience tranquille, avec le sentiment du devoir accompli.

Vendredi, 30 août.

Sous nos fenêtres, le port de Tanger avec sa horde hurlante. Nous vîmes charger du bétail sur un vapeur à destination de Gibraltar. Nos Africains empilaient les pauvres bœufs dans de grands bateaux plats pour les conduire au steamer mouillé dans la baie. On voyait ces barques s'éloigner, lentement remuées par les rames indolentes de quelques nègres, puis accoster le navire que les ruminants regardaient de leur œil doux et résigné. Pour grimper ceux-ci dans leur maison flottante, antichambre de l'abattoir, les barbares Marocains les attachaient par les cornes et les hissaient brutalement suspendus ainsi par la tête. Ces pauvres bêtes s'agitaient éperdument dans le vide au bout de leur corde et meuglaient lamentablement, pendant que dans la barque et sur le navire nègres et arabes hurlaient.

Ce matin, nous allons faire une grande excur-

PANORAMA DE TANGER

sion hors de la ville. On nous dit bien qu'il y a quelque danger, mais avec de bons guides, nos armes et notre insouciance, il ne sera pas dit que nous nous serons privés du plaisir de connaître cette campagne curieuse qui entoure Tanger.

Nous voilà de nouveau sur nos mules qui docilement nous emportent. Ces animaux ont une grande sûreté de pied, leur allure est très douce, elles ne sont nullement rétives. Ce sont de précieuses montures.

Nous suivons la *rue des Chrétiens*, la plus belle et la plus animée ; ça ne veut pas dire qu'elle soit bien large, mais enfin une voiture pourrait y circuler, s'il y avait des voitures à Tanger ! On passe à côté de la *Grande Mosquée*, dont l'accès est interdit aux infidèles que nous sommes ; extérieurement, ce monument n'est remarquable que par sa très belle porte mauresque et son minaret trapu et carré, tout reluisant de porcelaines aux vives couleurs. Le carrefour du *Petit Zocco*, le coin européen, est au milieu de la rue des Chrétiens.

Nous sortons de la ville par la *porte de Fez,* gracieux arc arabe dentelé qui donne sur la place du marché extérieur, le *Grand Zocco.*

Ce marché est bien l'endroit le plus intéressant de Tanger. On est soudain au milieu de la foule

africaine qui s'agite frénétiquement, de la foule
en guenilles et qui sent mauvais, de la foule des
riches vêtements mauresques et qui ne sentent
guère meilleur. Là tous les types d'habitants du
Maroc sont réunis et l'on peut consciencieusement faire une étude ethnographique.

On y voit des *Kabyles* à l'air farouche, armés
d'un long fusil et vêtus du burnous blanc, des
Maures à la face impassible qui se drapent majes-
tueusement dans de brillants burnous de couleur,
des *Juifs* indigènes barbus et tout de noir vêtus,
des *Bédouins* à demi sauvages et habillés de
bure, des nègres de l'Afrique centrale, esclaves
ou affranchis, dont la teinte va du chocolat au
plus beau noir d'ébène, des femmes voilées, des
négresses horribles, des enfants tout nus qui ressemblent à des singes, des Arabes nomades à la
tête semi-rasée avec une courte tresse sur le
sommet du crâne, et puis des quantités d'ânes.
Tout cela porte, sauf les ânes, un *fez* et des pan-
toufles.

Ce marché est absolument arabe : on n'y voit
que des Marocains, on n'y vend que des produits
du pays ou à l'usage des gens du pays. C'est là
qu'arrivent de l'intérieur les longues caravanes
de chameaux.

La légation allemande est située sur le Grand

Zocco. On y pénètre par une porte qui a énormément de prétentions arabes, mais qui est surtout
rococo.

Un peu plus loin, nous passons à côté d'une
jolie villa entourée de jardins : c'est la légation
de France. Ces deux légations sont en dehors
des murs de la ville, mais à quelques pas seulement de la Porte de Fez; les hôtels des autres
puissances sont en ville.

Nous voilà maintenant sur la grande route de
Fez. Oh! très bien! C'est une voie large comme
nos chemins vicinaux, donc les voitures y pourraient passer. Elle est luxueusement garnie d'une
épaisse couche de sable fin, dans lequel nos mules
enfoncent plus haut que le boulet, donc les voitures n'y pourraient avancer! Mais cette discussion sur les voitures est parfaitement superflue,
car, je le répète, à Tanger, point de véhicules.
Notre guide nous explique que la magnificence
marocaine qui a étendu cette couche de sable sur
la route de la capitale ne va pas au delà d'une
quinzaine de kilomètres. Après, c'est la terre nue.
En somme, cette route, malgré sa largeur, est
tout simplement une piste de chameaux.

Nous suivons longuement la route de Fez,
puis nous nous engageons dans d'étroits chemins
bordés de haies de figuiers de Barbarie et d'aloès

menaçants qui nous conduisent à un village bédouin digne des premiers âges de l'humanité. Imaginez-vous une collection de huttes entièrement faites de paille, sous lesquelles vivent de pauvres êtres en guenilles, aux faces bestiales, aux corps de bronze, mais dont les airs surperbes ne messiéraient point à un empereur, fût-il allemand. Les plus riches d'entre ces malheureux ornent les murailles de leurs palais de matériaux de prix, tels que : vieilles ferrailles, cercle de tonneaux, boîtes de sardines, parois de bidons de pétrole.

Des Bédouins passent incessamment, transportant de l'eau dans des outres en peaux de chèvre garnies encore de leurs longs poils et qui semblent des animaux bizarres que ces hommes porteraient sur leurs épaules.

Les cultures qui avoisinent ce malheureux village se composent de quelques vagues chaumes de céréales et surtout de figuiers de Barbarie.

Notre excursion se poursuivit longtemps dans la campagne marocaine, en un pays étrange, émaillé de villages aussi misérables que le premier et où l'on ne rencontre que des êtres qui sont loin, bien loin de notre civilisation, et que des bourricots aussi philosophiques que ceux d'Espagne.

Nous dûmes enfin revenir sur nos pas, car nous approchions de la zone réellement dangereuse, de la région habitée par la puissante tribu des *Andjeras,* les farouches amis de Raisouli, peuplade berbère, sauvage et fanatique.

Nous gagnâmes les bords de l'Océan et revînmes à Tanger en suivant le sable fin des dunes qui bordent la baie.

Le soir, nous remontions à bord du vapeur espagnol qui devait nous ramener à Algésiras; il était archiplein de passagers, derniers Européens abandonnant Tanger, où l'effervescence semble croître sans cesse à la suite des multiples nouvelles alarmantes, vraies ou fausses, arrivées ce matin de Casablanca, de Fez et de Marrakech.

Un dernier coup d'œil à la ville qui se noie dans le soleil. Un grand nombre de ses maisons sont peintes en bleu clair; de loin cette nuance qui se fond avec le bleu du ciel semble déteindre sur toute la ville qui se colore d'azur. Au bord de l'eau des machines fument et des hommes s'agitent, occupés aux travaux du môle de pierre qu'a entrepris une compagnie allemande pour faire de cette rade actuellement inhospitalière un port sûr et commode. C'est l'activité européenne à côté de l'inertie africaine, contraste aigu ! Enfin le phare de Tanger, petit édicule dont je vis hier soir la lumière rouge porter ses rayons à au moins... 100 mètres, symbolise le flambeau mourant de la civilisation mauresque.

Un dernier adieu à Selam Tabla, notre guide arabe dont la mine fière et l'allure de grand seigneur resteront toujours devant mes yeux, et le *Joaquim Pielago* nous emporte dans le détroit en nous balançant désagréablement.

Au bout d'une traversée de deux heures et demie nous étions de retour à Algésiras, où nous retrouvions nos chambres dans cet excellent hôtel Reina Christina, où nous retrouvions aussi le féerique coup d'œil qu'on a de ce lieu trop ignoré de ceux qui aiment les belles choses. Car je ne dirai jamais assez le plaisir que j'ai éprouvé par les yeux dans cette merveilleuse baie d'Algésiras, cette baie d'azur, entourée de verdure, avec sa roche de Gibraltar. Nous restions des heures entières en contemplation silencieuse devant ce tableau si beau, si brillant de soleil. Et la nuit venue, le spectacle changeait. Gibraltar brille alors de toutes ses lumières dans l'ombre de sa montagne et la crête de celle-ci se découpe dans la nuit lumineuse. Ce soir le spectacle fut plus beau encore : de nombreux projecteurs anglais inondaient la mer de leurs feux mobiles, ceux-ci traversaient quelquefois la baie et venaient éclairer l'hôtel comme en plein jour; les canons de Gibraltar tonnaient à de réguliers intervalles, leurs lueurs se percevaient brusques et fugitives et quelques instants après nous parvenaient leurs formidables grondements.

Samedi, 31 août.

Il faut aujourd'hui quitter ces lieux enchanteurs pour continuer le voyage. Après être descendus incessamment au sud jusqu'ici, nous allons désormais remonter au nord.

A 2 heures de *la tarde* nous quittions avec regrets l'hôtel Reina Christina dont les beaux jardins se miraient dans les eaux de la baie et, après avoir traversé les rues sales d'Algésiras, l'auto commençait à gravir les pentes de la sierra.

Nous faisons à l'envers la route qui nous avait amenés. Venus la nuit, nous repartons en plein jour, jouissant ainsi de deux tableaux absolument différents. A mesure que la route s'élève on découvre un panorama de plus en plus majestueux, la baie toute bleue s'arrondit gracieusement, ses contours se précisent, tout le pays apparaît comme sur une carte en relief. On voit le cirque de montagnes qui entoure la baie, les bords verdoyants de la mer, les blanches maisons qui émaillent la côte, *Algésiras, San Roque, la*

Linea de la Concepcion, Gibraltar et son rocher et sa basse langue de terre anglo-espagnole. Tout cela se distingue avec la netteté particulière à l'atmosphère transparente des pays du Sud.

Bien que le soleil brille de tout son éclat, la chaleur n'est nullement désagréable. Dans tout le sud de l'Espagne comme au nord du Maroc, pourvu qu'on ne soit pas trop éloigné de la mer, on jouit toujours d'une température modérée; si le soleil est vif, ses rayons sont constamment tempérés par une douce brise.

La route serpente dans la sierra parmi les forêts de chênes-lièges. Des torrents ont creusé des lits abrupts aux flancs de la montagne; l'eau, absente en cette saison, y est remplacée par des tapis de lauriers-roses dont les luxuriantes fleurs jettent des éclairs de joie dans le paysage un peu sévère.

Longtemps on domine de très haut le détroit de Gibraltar. Ainsi vu, il paraît très étroit. Ce corridor de la navigation passe entre les hautes montagnes des deux continents : *La sierra de Bullones* en Afrique, *la sierra de la Lune*, que nous parcourons, en Europe. Du côté de la Méditerranée les côtes sont à pic et leur hauteur donne au fleuve maritime des airs de gouffre, tandis que vers l'Océan les montagnes s'abaissent graduellement à mesure que les rives s'écartent en forme de vaste entonnoir. Le détroit ressemble à un boulevard rempli d'animation, mais un boulevard de géants, où les maisons sont de hautes montagnes, dont la chaussée a une largeur qui se compte par kilomètres et où les passants sont d'énormes navires. C'est là certainement l'un des points du globe où la navigation est la plus intense : les bateaux se suivent et se croisent sans cesse, leurs fumées tracent de longues traînées qui rayent l'atmosphère et s'entremêlent ; grands paquebots, vapeurs marchands, légers voiliers, lourds cuirassés, croiseurs, petits torpilleurs qui semblent des mouches, se succèdent sans interruption.

On descend sur Tarifa qui apparaît baignée de lumière parmi les aloès en fleurs, Tarifa qui s'avance au milieu des flots comme pour aller donner à l'Afrique sauvage le salut de la vieille Europe.

Après Tarifa on côtoie quelque temps l'Océan, puis on s'enfonce dans l'intérieur des terres et c'est le désert impressionnant, déjà parcouru, le désert des vastes landes sauvages avec ses solitudes coupées par instants d'immenses troupeaux de chevaux ou de bétail gardés par les pâtres à cheval.

Je ne redirai pas en détail ce que nos yeux avides ont vu sur cette route que j'ai déjà décrite à l'aller, et cependant elle traverse des pays si différents de ceux que nous avons l'habitude de voir en France, que nous éprouvâmes à la suivre un intérêt aussi puissant que la première fois.

Après les déserts sauvages, ce sont les vignobles, les figuiers de Barbarie, *Chiclana de la Frontera*, les marais salants et les piles de sel, pyramides de Loth, c'est Cadix étincelant sous les derniers rayons du soleil, la baie de Cadix et sa ceinture de coquettes villes, puis c'est un autre désert et enfin voilà *Jerez* (1).

Nous avions résolu de faire étape dans cette ville où nous ne nous étions pas arrêtés en allant. Nous nous sommes établis à l'*Hôtel de los Cisnes;* on y mange la véritable cuisine espagnole, des piments, des tomates et du *puchero,* mais bien apprêtée et proprement servie. C'est le meilleur hôtel de Jerez, les chambres en sont coquettes, bien meublées et propres, aussi les puces qui y ont élu domicile sont-elles vigoureuses et redoutables. Ces insectes exceptés, l'hôtel de los Cisnes serait parfait.

Jerez est l'une des plus riches parmi toutes les

---

(1) Algésiras — Jerez : 148 kilomètres.

villes d'Espagne, elle doit sa richesse, comme sa célébrité, à ses *bodegas,* ses fameuses caves d'où elle exporte dans le monde entier ce vin que les Anglais appellent le *Sherry* et que nous dénommons *Xérès* en France. A vrai dire, ces dénominations sont purement génériques, car les vins de Jerez sont de crus nombreux et très différents les uns des autres, depuis les plus doux jusqu'aux plus secs, les vins couleur de paille jusqu'à ceux qui empruntent au caramel sa teinte de vieil acajou. Les crus les plus célèbres sont l'*Amontillado,* le *Manzanilla,* le *Montilla,* secs et clairs, qui font les délices de la crapule de Séville, le *Moscatel,* le *Pedro Jimenez,* le *Parajete,* le *Jerez* proprement dit, qui sont des vins doux, sirupeux, très chargés en alcool et qui forment le noyau principal de l'exportation de Jerez.

Les Anglais sont les plus notables clients des vins de Jerez. Ce peuple en absorbe de si grandes quantités qu'il a trouvé plus simple d'être son propre fournisseur, si bien que de très nombreuses bodegas de Jerez sont maintenant la propriété des maisons anglaises.

Les vins d'exportation, ou vins doux, possèdent de 12 à 15 degrés d'alcool, ils sont obtenus par exposition préalable des raisins à l'action solaire avant fermentation; ils ont un parfum agréable qui rappelle la noisette et possèdent cette particularité de se foncer en couleur en prenant des années, contrairement à nos vins français qui pâlissent en vieillissant.

Cette ville sue la richesse : les maisons sont ornées et peintes de frais, les magasins renferment des foules de choses chères, les habitants promènent des habits somptueux, et des bijoux de Péruviens ornent de grosses bedaines, chose très rare en Espagne où les hommes sont généralement maigres; les cercles sont nombreux et leur luxe éclatant encadre une foule majestueuse de riches propriétaires auxquels viennent se mêler les officiers de la garnison.

Dimanche, 1er septembre.

Nous avions projeté de rester à Jerez jusqu'au coucher du soleil, mais l'homme propose... Une affiche aperçue hier soir dans le patio de l'hôtel nous fit modifier tous nos plans. Ce grand carré de papier tentateur annonçait pour aujourd'hui dimanche une *corrida de toros* à Séville. Rien ne pouvait dès lors nous retenir ici; nous résolûmes d'être à Séville pour déjeuner. Pensez donc! Voir une course de taureaux en Espagne était l'un des points importants de notre programme, point que nous n'avions pu satisfaire jusqu'à présent. Mais assister à cette course à Séville, la métropole de la tauromachie, sera un bonheur auquel nous n'aurions osé prétendre.

A 8 heures du matin, nous disions adieu à la ville des bodegas et ayant franchi le plus rapidement possible la partie du chemin avoisinant Jerez, défoncée par les charrois vinicoles, nous roulions à belle allure entre les haies de figuiers de Barbarie. Des paysans procédaient à la cueillette des fruits barbelés : au moyen de longs roseaux dont l'extrémité est fendue en deux, ils saisissaient les figues, et par une délicate torsion les détachaient de l'arbre aux feuilles redoutables ; ces fruits étaient ensuite brossés avec des balais de chiendent qui les débarrassaient de leurs piquants et chargés sur le dos des petits *burros* qui, patiemment, attendaient en broutant quelque chardon.

Voici les immenses *llanos* (1) où l'on roule sans fin, où l'on n'aperçoit à perte de vue que la lande en friches parsemée de palmiers nains, de pins-parasol et de maquis de chênes-houx.

On retraverse *Utera, Alcala de Guadaira* où l'on abandonne la direction de Cordoue, on

---

(1) *Llanos* est un terme espagnol qui désigne de vastes régions incultes.

cahote dans l'horrible route défoncée qui fait regretter plus vivement encore la route de tapis qu'on vient de quitter.

Mais voici la Giralda qui dresse son élégante silhouette à l'horizon, c'est *Séville* (1).

Accomplissant strictement notre horaire, il était midi lorsque l'auto s'arrêtait devant l'*hôtel de Madrid*. Le personnel mit le même empressement à nous recevoir qu'il y a huit jours, c'est-à-dire qu'aucun des garçons ne daigna se déranger et qu'il fallut les éclats de nos voix coléreuses pour les tirer à demi de leur somnolente torpeur.

La course de taureaux est pour 5 heures du soir. A 4 heures nous étions déjà installés dans notre *palco de delantero de sombra* (2) que nous avions retenue de Jerez par télégramme.

La *Plaza de toros* de Séville est un cirque immense qui peut. contenir quinze mille spectateurs. L'édifice est bien construit et ne manque pas d'un certain cachet architectural. Ses divers gradins communiquent avec des galeries de dégagement, qui font tout le tour du monument et par lesquels la foule peut s'écouler vite et sans confusion. L'arène, qui a 70 mètres de diamètre, peut donner libre carrière aux courses les plus écheve-

---

(1) JEREZ — SÉVILLE : 107 kilomètres.
(2) Loge de pourtour couverte, à l'ombre.

lées; taureaux, toréadors et chevaux semblent tout petits sur cette vaste esplanade bien pourvue de sable fin et toujours convenablement arrosée.

Les gradins se remplissent peu à peu avec un grand brouhaha. Les places à l'ombre sont occupées les premières; lorsqu'elles sont garnies, les derniers arrivants sont bien obligés de se contenter de celles qui sont au soleil; on voit celles-ci se garnir à leur tour, mais dans un ordre spécial : les retardataires choisissent toujours les places les plus près de l'ombre, c'est-à-dire celles qui seront abandonnées les premières par le soleil, il en résulte un arrangement bizarre et d'abord incompréhensible. Mais dans un moment tout sera garni.

A mesure que se peuple la vaste enceinte, le murmure de toutes ces poitrines devient un sonore grondement dans lequel on a peine à s'entendre, mais que domine cependant le cri perçant : *agua, agua,* des marchands d'eau.

A 5 heures moins un quart, tout est plein, garni, bondé, places au soleil comme places à l'ombre. L'amphithéâtre est noir de monde. Chaque individu, homme ou femme, a son éventail et en joue éperdument : tous ces éventails en mouvement sur quinze mille poitrines font un effet saisissant : on dirait qu'une nuée de papillons de couleurs vives et variées s'est abattue sur ce grouillement humain, et bat des ailes, incessamment!

Les loges ou *palcos* sont remplies de jolies Sévillanes. Ah! c'est ici qu'on peut encore le mieux les voir dans toute la grâce de leurs atours nationaux! Mantilles noires, blanches, noires à pois blancs ou rouges, blanches à pois noirs, grands peignes, cheveux noirs comme l'aile du corbeau, rubans ou fleurs rouges ornant de délicieuses tempes ou d'adorables fronts, grands châles aux vives couleurs. La Sévillane qui s'installe dans sa loge commence par étendre son grand châle sur la balustrade de fer; toutes ces étoffes largement déployées sur les parois du cirque, tombant sur les gradins inférieurs, ces étoffes de couleurs vives, brodées à grands ramages, font un superbe effet d'ornementation.

La course va commencer : le bourdonnement a subitement monté à son plus haut diapason, puis tout s'est tu en un silence d'attente. Voici le défilé des toreros aux costumes brillants, chatoyants, dorés, argentés, tous de la plus grande richesse.

Je ne me permettrai certes pas de donner ici la description d'une course de taureaux, d'autres plus autorisés que moi, simple touriste narrateur, l'ont fait et mieux fait que je ne pourrais m'y employer, même en bien m'appliquant. Et puis, aujourd'hui, tout le monde n'a-t-il pas vu une corrida?

Six splendides taureaux noirs furent mis à mort sous nos yeux. Ils étaient tous vigoureux et féroces. Le peuple enthousiaste siffla ou applaudit à divers coups, les taureaux et les toreros eurent tour à tour leur part de sifflets et d'applaudissements sans qu'il nous fût jamais bien possible de savoir au juste pourquoi. Il paraît que la tauromachie obéit à des règles fort compliquées. Lorsqu'un coup me paraissait beau j'étais tout surpris d'entendre conspuer le toréador; par contre, lorsque celui-ci paraissait enfoncer maladroitement son épée dans l'encolure de la bête, j'étais confondu de l'entendre applaudir frénétiquement. Je ne suis décidément pas *aficionado*. Cependant, après avoir suivi très attentivement les courses, je parvins à me convaincre que la suprême adresse de l'*espada* consiste à faire mourir le taureau *lentement,* le plus lentement possible; n'est-ce pas le comble de la férocité?

La quatrième course se termina par un coup qui est, paraît-il, l'un des plus estimés des connaisseurs. L'espada, *Vicente Segura,* un tout jeune homme, imberbe, presque un enfant, planta son épée avec tant d'adresse dans le cou du taureau que celui-ci, hébété, n'ayant plus que la force de se traîner, suivit son vainqueur comme le ferait un chien docile jusqu'à l'endroit où il lui plut de le mener. Segura le conduisit ainsi devant la loge du président de la course et, là, la bête s'agenouilla devant l'homme pour expirer à ses pieds dans une attitude de soumission. Alors l'enthousiasme de la foule barbare ne connut plus de bornes, ce peuple assoiffé de sang, avide de souffrances, grisé de férocité, poussa un unique hurlement sorti de quinze mille poitrines. Les éventails, les chapeaux, les cannes, des mantilles, des mouchoirs, des porte-cigares volèrent dans l'arène aux pieds de Segura, hommage frénétique à l'adresse du vainqueur. Celui-ci fut soulevé par la foule en délire qui avait envahi le cirque et longtemps promené sur les épaules de ces sauvages brutes. De tous ces êtres montait une odeur forte et âcre, une odeur de fauves en rut. Nous nous sentîmes alors isolés au milieu de tout ce monde, nous eûmes l'impression d'être seuls humains entourés de bêtes féroces !

Lundi, 2 septembre.

La route classique de Séville à Madrid passe par *Cordoue, Valdepenas, Madridejos, Aran-*

juez; les renseignements que j'avais recueillis avant mon départ de France à son sujet ne la recommandaient nullement à mon choix et ce que j'en avais vu en venant ici ne me donnait pas l'envie d'en tâter sur la partie de son parcours réputée la plus mauvaise, c'est-à-dire sur le plateau castillan. Pour gagner Madrid, j'avais décidé de prendre une autre route qui joint, à l'avantage d'être convenablement bonne, celui de passer dans des régions peu connues de l'Espagne. Je veux parler de la route qui, longeant d'assez près la frontière de Portugal, passe par *Merida, Trujillo, Talavera de la Reina.*

C'est cette route que nous allons suivre.

Nous quittons Séville, définitivement cette fois. A 9 heures du matin, nous franchissions le Guadalquivir et sortions de la capitale de l'Andalousie par le faubourg de *Triana,* peuplé de gitanos et garni de fabriques d'*azulejos.*

A 6 kilomètres de Séville, nous nous arrêtions dans le petit village de *Camas* pour faire notre plein d'essence. Il y a là, en effet, une raffinerie de pétrole et nous avons tenu à en profiter, car la différence de prix qui en résulte est considérable. Il faut dire qu'en Espagne la vente de l'essence présente des particularités dignes du moyen âge. D'abord, il est interdit aux négociants d'avoir à l'intérieur des villes de grosses provisions de ce liquide inflammable, de crainte d'incendie; chaque fois qu'une automobile a besoin d'un important ravitaillement, il faut envoyer chercher la provision nécessaire en dehors des barrières, d'où il résulte un supplément de 10 pesetas sur la facture pour payer la voiture qui a été quérir les bidons. Ensuite, l'essence paye à l'entrée de chaque grande ville un droit d'octroi énorme, insensé, qui en double généralement la valeur; exemple : à Séville, l'essence vaut 1 pes. 25 le litre, en dehors de la ville on ne la paye plus que 0 pes. 60 le litre. Enfin, en outre de ces deux suppléments, on a généralement encore à subir celui qui résulte du vol auquel le négociant espagnol résiste si difficilement. Hier soir, à Séville, un droguiste ne s'est-il pas avisé de vouloir nous vendre son essence à raison de 2 pesetas 1/2 le litre; nous l'avons naturellement envoyé promener avec tous ses bidons.

Il y a très heureusement à proximité de toutes les grandes villes, soit des dépôts d'essence, soit des raffineries où l'on peut s'approvisionner facilement et à un prix raisonnable. A l'usine de *Camas* on nous fit payer 0 pes. 60 le litre.

Puisque je suis sur cette question de l'essence, je tiens à ajouter encore quelques mots. Il est bon de s'inquiéter soigneusement des points de ravitaillement, car ceux-ci sont souvent fort loin les uns des autres et pas toujours suffisamment approvisionnés. Dans certaines régions les grandes villes sont clairsemées et dans les petites le précieux liquide est rare. Pour supplément de précautions, il me paraît recommandable d'avoir toujours 30 à 40 litres de réserve en bidons, en plus de ce que peut contenir le réservoir. L'essence espagnole est généralement de fort mauvaise qualité, trop légère surtout, elle oblige à modifier sérieusement le réglage du carburateur, et malgré cela son rendement est toujours déplorable.

Un peu plus loin, *Santiponce* est un pauvre village qui offre cependant un vif intérêt, car tout à côté se voient les ruines de l'ancienne ville romaine d'*Italica*.

La fondation d'Italica est attribuée à Scipion l'Africain; cette ville aurait eu ensuite, sous l'empire, une assez grande importance et a donné le jour à trois empereurs romains : Trajan, Adrien et Théodose. Ses ruines sont malheureusement très rudimentaires, car elles servirent fort longtemps de carrière à la Séville castillane; par ce qu'il en reste cependant, on peut se rendre compte de l'état de perfection à laquelle la civilisation romaine était parvenue en Espagne.

Pauvre Espagne! tu fus constamment le jouet des barbares! Les Romains te dotèrent de tous les bienfaits de leur admirable civilisation; les Vandales et les Goths survenant te couvrirent de ténèbres. Les Arabes surent te galvaniser à nouveau et t'enrichir au souffle de leur brillante culture. Il fallut pour ton malheur que ces mêmes Goths, mués en Castillans, longtemps refoulés dans leurs âpres montagnes, revinssent en vainqueurs détruire la splendeur de ta résurrection et t'entourer de cette obscurité dont, aujourd'hui encore, tu as tant de peine à te tirer!

El Ronquillo, autre pueblo misérable qui étale au soleil ses haillons et sa saleté andalous!

La route était très mauvaise jusqu'ici : trous et poussière; à partir de cette bourgade la voici qui s'améliore et qui bientôt devient tout à fait convenable.

On parcourt une région nue et désolée : à droite, à gauche, en avant, en arrière, c'est la lande de terre uniformément rouge sur laquelle ne poussent que de chétifs palmiers nains et quelques bruyères; c'est un interminable vallonnement, une succession infinie de croupes dénudées. Jamais jusqu'ici nous n'avions eu aussi nettement l'impression de traverser un désert. Le paysage n'est pas même grandiose, sa monotonie fatigue, son rouge perpétuel irrite les yeux. De temps en temps on aperçoit une *estancia*, mais presque toujours inhabitée, tombant en ruines. C'est le spectacle de la tristesse sous les rayons du joyeux soleil.

A mesure qu'on s'enfonce dans l'intérieur des terres incultes, la chaleur augmente; aucun obstacle, rivières ou arbres, ne s'oppose aux ardeurs du ciel en feu qui, blanc comme un four sidérurgique, déverse sans cesse sur le sol calciné des torrent de métal fondu. Il fait réellement chaud aujourd'hui!

Par suite de nos arrêts prolongés à Camas et à Santiponce, nous n'avions fait encore que 60 kilomètres lorsque l'horloge du bord marqua midi. L'auto fut rangé le long de la route et nous établîmes notre campement sous un bouquet de chênes verts rabougris. Le déjeuner, arrosé de boissons glacées, fut trouvé exquis. Nous avions acheté à Séville des récipients précieux pour la conservation des liquides frais, des bouteilles « Thermos » qui, par suite d'une garniture faite avec un corps isolant, ont la propriété de garder les boissons à la température qu'elles ont lorsqu'on les y introduit. Notre collection de « Thermos » fut remplie ce matin à l'hôtel de vins et d'eau mélangés de glace, à midi ces liquides étaient encore glacés. Bien mieux, les jours suivants nous eûmes l'occasion de constater que ces précieuses bouteilles pouvaient conserver leur fraîcheur pendant une journée entière. Voilà une petite invention que je recommande vivement aux touristes qui entreprendront un voyage dans les pays chauds; elle nous rendit de grands services sur les plateaux brûlants de l'intérieur de l'Espagne.

Le déjeuner fut suivi d'une courte sieste après laquelle nous repartions sur une route désormais excellente.

Le désert s'émaille peu à peu de cultures. On sent la lutte entre l'aridité et l'homme, mais ici l'homme a l'air de craindre joliment la fatigue! Ce sont d'abord de noirs chênes-lièges qui piquent la terre carminée de taches sombres et dont les troncs écorchés rougeoient et paraissent saigner. Nous voyons passer leur précieuse écorce emportée en d'énormes chargements sur de lourdes voitures dont les attelages de mules hargneuses serpentent sur la route et se rebellent à notre vue.

Puis des terres labourées empiètent sur les friches. Comme les chênes dépouillés, ces terres rouge vif semblent de sang. En Espagne la terre est toujours rouge; dans notre long voyage nous ne vîmes pas d'autre couleur, mais toute la gamme du rouge y passe, depuis le rose pâle jusqu'au carmin le plus vif; ici c'est le rouge sang.

La région s'élève progressivement, les mamelons de tout à l'heure sont devenus de grosses collines et les collines se sont faites montagnes. La route monte aussi; par des lacets très bien étudiés sur une pente douce, on arrive au sommet de la *sierra Morena*. La vue qu'on a de ce point culminant est splendide; adieu, Andalousie! Devant nos yeux se déroule l'*Estramadure*, panorama sévère, pays sauvage et arriéré.

En redescendant sur l'autre versant de la sierra on s'aperçoit que la contrée n'a pas changé que de nom : les plantes exotiques de l'Andalousie sont maintenant remplacées par des essences des pays tempérés : chênes, châtaigniers, peupliers; seuls l'olivier et la vigne, universels, subsistent. C'est bien un tout autre pays maintenant, les gens eux-mêmes sont différents avec leurs mines fières et leurs airs sauvages!

A *Los Santos,* petit village de mégères, d'êtres rébarbatifs et d'enfants tout nus, nous devons abandonner la route de *Badajoz* qui oblique à l'ouest. Celle de *Mérida,* que nous voulons suivre, prend au milieu du village, entre deux maisons, en une bifurcation dissimulée qu'on ne peut voir, que nous ne voyons pas et qu'il nous faut regagner en marche-arrière au milieu de la populace écarquillée.

Villafranca de los Barros dresse plus loin sur la droite sa silhouette de bourgade importante dominée par deux grandes églises, dont l'une a un clocher qui voudrait ressembler à la Giralda de Séville.

La route toute droite file au milieu d'une vaste plaine. Elle frôle en passant *Almendralejo* qui, sur notre gauche, a l'air d'une petite ville coquette où des bourgeois oisifs se promènent sur une jolie Alameda. Elle nous montre sa plaza de toros, le monument obligatoire sans lequel toute ville espagnole se croirait déshonorée.

Voici maintenant une grande dépression au fond de laquelle serpente un large fleuve : sur la rive opposée, au bout d'un grand pont, en gradins sur la colline, s'élève une ville. Ce fleuve est la *Guadiana* et la ville *Merida,* l'antique métropole romaine.

On traverse le pont qui fut édifié par les Romains ; il a plus de 700 mètres et soixante-quatre arches, c'est une œuvre colossale assez bien conservée. Puis on s'engage dans un réseau de rues sales et infiniment petites grimpant en pentes aiguës. La ville a l'air misérable, ce qui nous donne de douloureuses appréhensions pour notre coucher.

Nous découvrîmes, en une étroite ruelle, la *Fonda Diego Segura* où nous pûmes cependant nous loger de façon à peu près convenable et où nous trouvâmes une bonne remise pour l'auto, chose absolument exceptionnelle dans ce pays de *galères,* de *tartanes* et autres véhicules apocalyptiques (1).

Mardi, 3 septembre.

Mérida, qui compte à peine 10 000 habitants, est une ville à demi morte aujourd'hui. Elle eut un temps de grande splendeur et fut à son heure l'une des premières cités de toute l'Espagne. Sa fondation remonte à l'an 23 avant notre ère; c'était l'*Augusta Emerita* des Romains, la capitale de la *Lusitanie.* Son importance, ses richesses et sa puissance lui valurent le surnom de *Rome Espagnole.* Les Wisigoths surent lui conserver sa prospérité et ce fut sous leur empire qu'elle parvint au faîte de sa fortune. Les Arabes la trouvèrent puissante lorsqu'ils s'emparèrent de l'Espagne et puissante la laissèrent lorsqu'ils en furent chassés. Pour ne pas faire exception à la règle qu'ils semblaient s'être inconsciemment dictée et dont ils porteront éternellement le stig-

---

(1) SÉVILLE — MERIDA : 194 kilomètres. — *Route* : très mauvaise de Séville à El Ronquillo. Médiocre après pendant quelques kilomètres. Excellente ensuite tout le temps jusqu'à Mérida.

mate honteux, les catholiques espagnols ne surent que dépeupler et couvrir de ruines cette cité si longtemps prospère et dans laquelle ils avaient trouvé splendeur et richesses.

Depuis la reconquête Mérida déclina et tomba rapidement à l'état de pauvreté où nous la voyons aujourd'hui. La ville actuelle ne couvre plus qu'une faible partie de son ancien emplacement ainsi que le démontrent les nombreuses ruines qui l'entourent, témoins encore debout de ses beaux jours et témoins accusateurs de l'incurie et de la férocité castillanes.

C'est douloureusement impressionnés par les pensées que nous avait suggérées cet exemple frappant de grandeur et de décadence qu'à 10 heures du matin, sous un soleil de feu, nous quittions cette triste ville.

MERIDA, AQUEDUC ROMAIN

Sur la gauche les grandes arcades d'un aqueduc romain dressent leur silhouette de squelette
millénaire. La route suit d'abord une belle rangée
d'ombrages, mais bientôt les arbres disparaissent et le soleil peut à loisir nous écraser de ses
rayons. On file en ligne droite, comme toujours
en Espagne, sur les collines qui bordent la vallée
au fond de laquelle, au loin, serpente le fil d'azur
de la Guadiana. Puis on aborde une plaine sans
horizon où les kilomètres succèdent aux kilomètres au milieu des chênes verts parsemés sur
la terre rouge.

La route est extrêmement pénible à la direction; elle est recouverte d'une couche épaisse
d'un désagréable cailloutis, moitié sable, moitié
pierrailles, dans lequel s'enfoncent les roues pendant qu'on procède à la vitesse des tortues.

Puis la plaine se déplume, les arbres disparaissent totalement si bien qu'à midi, lorsque sonne
l'heure du déjeuner, nous constatons avec regret
qu'il est impossible de trouver le plus petit coin
d'ombre. En poursuivant notre route nous finissons par découvrir un arbre, le seul de toute la
plaine, sous lequel on dresse tant bien que mal la
table. L'ombre tutélaire de ce digne végétal est
heureusement suffisante et nous le bénissons avec
attendrissement, car si loin que l'œil puisse scru

ter la surface de la plaine infinie, pas un seul de ses congénères ne peut être aperçu.

Peu de temps après avoir repris notre marche en avant, *Trujillo* apparaît au fond de la plaine brûlée. La petite ville se dresse pittoresquement sur les flancs de son cône pointu dominé par un vieux château. C'est la patrie de *François Pizarre*, le *conquistadore* du Pérou; la vieille *ciudad* fut démesurément riche aux jours dorés de l'Amérique espagnole, au temps où ses enfants, brigands conquérants, infestaient le Nouveau-Monde et en rapportaient de folles fortunes. C'est à présent une ville pauvre et délabrée.

La route passe au pied de Trujillo et oblique ensuite vers la droite. Elle sera désormais excellente; finis les mauvais cailloux, l'auto glisse silencieuse sur un sol absolument uni.

Finie aussi la vaste plaine; la région qu'on traverse est très accidentée : des ravins aux parois abruptes et arides, troués par endroits de larges tranchées par lesquelles on a soudain de beaux aperçus sur un pays indéfiniment vallonné. Du haut d'une sierra on aperçoit tout à coup la grande vallée du *Tage;* c'est un changement brusque comme celui d'un décor de théâtre, des tableaux heurtés et étroits on passe sans transition aux vastes horizons. Le fleuve est encore invisible, caché par des replis de terrain. Au nord la vallée est bordée par la haute *Sierra de Gredos*.

Le Tage coule au fond d'un ravin dissimulé au milieu de la large vallée. On ne l'aperçoit qu'au moment de le franchir. Le fleuve, qui vient de Tolède, roule des eaux verdâtres et lentes qui rongent ses rives abruptes. On le passe sur un pont monumental datant du seizième siècle, deux hautes arches du sommet desquelles on a une fort belle vue sur l'étroit ravin.

Cette plaine où coule le Tage est triste et déserte. Encore un coin d'Espagne où les friches sont plus nombreuses que les terres cultivées !

Navalmoral de la Mata est une oasis de figuiers et d'oliviers au milieu de ce désert. A une trentaine de kilomètres au nord-ouest est situé le monastère de *Yuste,* où se retira Charles-Quint après son abdication.

Nous roulons toujours.

Oropesa nous apparaît à la lueur d'un superbe coucher de soleil; ses maisons s'éclairent de rouge comme à la réverbération d'un colossal incendie.

Nous roulons encore.

La nuit nous surprend brusquement non loin de ce village. La ville la plus rapprochée est

Talavera, assez loin cependant et, ignorant ce que nous y pourrions trouver comme auberge, nous décidons de camper à la belle étoile.

Nous choisissons l'emplacement de notre camp avec les plus grands soins : un espace plat au bord de la route, entouré de plusieurs grands arbres, fait l'affaire. D'abondantes conserves fournies par les coffres de la voiture, du pain et des œufs achetés à Navalmoral, du vin et de l'eau conservés glacés dans les bouteilles « Thermos » ont composé un menu qui fut vite expédié par nos robustes appétits. Puis en fumant tranquillement pipes ou cigarettes, nous causions; nous fûmes amenés à remarquer la très curieuse coïncidence qui fait qu'aujourd'hui nous avons établi notre camp pour la nuit non loin d'un village appelé Oropesa, alors qu'il y a environ trois semaines nous passâmes déjà une première nuit à la belle étoile sur les bords de la Méditerranée, à proximité d'un autre village qui s'appelait aussi Oropesa.

Il ne faudrait pas croire que passer une nuit en plein air, l'été, en Espagne, soit un tour de force : sous ce climat si doux, c'est chose très naturelle et nullement désagréable.

Nos effets de campement fournirent les éléments de lits moelleux... relativement, mais cependant assez confortables. Nous nous endormîmes au sein d'une de ces inoubliables nuits espagnoles, nuits de poésie, de parfums et d'étoiles.

Mercredi, 4 septembre.

Ce fut le soleil qui nous tira de nos lits improvisés où nous avions consciencieusement dormi.

Après une sommaire toilette et un court déjeuner nous levâmes le camp à 8 heures.

Je m'aperçus bientôt que mon moteur avait perdu un cylindre; la rupture d'une petite bielle d'allumage était la cause de cette abstention. La réparation ne pouvait s'effectuer sur la route, car il fallait un outillage pour faire une pièce nouvelle. Nous étions encore pour le moins à 150 kilomètres de Madrid... tant pis! nous les ferons avec trois cylindres seulement. En cette occasion j'appréciai vivement le gros moteur que notre voiture portait en ses flancs, car, effectivement, il nous mena tranquillement jusqu'à Madrid avec ses trois cylindres, sans même sembler s'apercevoir que le quatrième ne fournissait plus sa quote-part de travail et même, — il avait pris des habitudes andalouses, — qu'il se faisait traîner par les autres.

En montée comme en plaine nous filons à notre allure habituelle comme si rien n'était changé.

Talavera de la Reina est située non loin des bords du Tage, dont les eaux entretiennent autour de ses murs une intéressante verdure.

Nous voilà en Castille.

Les habitants semblent polis et accueillants ; ils nous renseignent volontiers et nous regardent d'un œil sympathique. Cela nous change d'avec les farouches indigènes d'Estramadure qui hier nous accueillaient à coups de pierres, tout comme si nous avions été en France ! Où ai-je lu que les Castillans sont peuple sauvage et désagréable ? La chose, en tous cas, n'est pas exacte pour cette partie de la Nouvelle-Castille.

Le *sombrero* à bords plats des Andalous est remplacé ici par un chapeau plus caractéristique encore ; il ressemble à celui des gauchos de l'Amérique du Sud : large tour muni d'un rebord vertical haut de deux ou trois doigts, orné de clous dorés, de broderies ou de rubans... ce chapeau rappelle le turban. Les paysans portent une double culotte dont l'une, extérieure, est fendue en deux et ressemble à un tablier. Ils ont de larges ceintures noires.

On traverse une contrée très giboyeuse : perdrix et tourterelles se promènent sur la route et ne s'envolent que sous les roues de l'auto. Des nuées de grosses alouettes s'enlèvent des champs en lançant au ciel leurs notes joyeuses.

La route traverse *Navalcarnero,* aux rues déplorablement pavées, et continue toujours bonne au milieu d'une campagne nue où l'on ne voit que des chaumes de céréales.

A partir de *Villaviciosa* on sent que la grande ville approche : le charroi augmente, les cavaliers se font plus nombreux, on croise incessamment des *recuas* de mules, le sol de la route se fait de moins en moins bon.

On aperçoit enfin *Madrid* qui se développe nettement bien en face de soi. La capitale est construite sur un plateau qui domine le ravin verdoyant du *Manzanarès*. En avant, dans une admirable situation, surplombant sur le flanc du plateau, bien en évidence, la grande masse du Palais-Royal. Ainsi vue, Madrid offre un fort joli panorama.

On passe le pont sur le Manzanarès qui coule tranquillement sous les ombrages et l'on gravit la pente au sommet de laquelle s'étale la grande ville. L'auto glisse à travers les voitures et les tramways électriques qui fourmillent sur la *Puerta del Sol* et, tout surpris de se retrouver dans une ville qui ressemble à nos grandes cités de France, vient s'arrêter dans une rue garnie de beaux magasins, devant l'hôtel que nous avons choisi.

L'*Hôtel de Embajadores* est situé en plein centre de Madrid, dans un quartier animé et luxueux. Il a de grandes prétentions, mais sa cuisine et ses chambres sont fort médiocres. Nous pensâmes un instant à déménager, mais nous finîmes par y rester en apprenant que nous trouverions certainement deux ou trois autres hôtels où nous pourrions payer encore plus cher, mais où nous ne serions pas mieux! Le niveau des hôtels de Madrid est certainement très bas. N'importe, hier nous couchions à la belle étoile, ce soir nous serons dans des lits, de vrais lits, avec de vrais draps et probablement aussi de vraies puces (1).

Jeudi, 5 septembre.

Le cœur de *Madrid*, le point où l'on sent de la façon la plus intense toutes les pulsations de la grande ville, est la *Puerta del Sol.*

---

(1) MERIDA — MADRID (deux étapes) : 334 kilomètres. — *Route :* médiocre de Mérida à Trujillo. Bonne de Trujillo à Navalmoral. Très bonne de Navalmoral à Madrid, sauf pendant les 15 derniers kilomètres qui sont très médiocres.

La Puerta del Sol ou *Porte du Soleil* doit être une porte, puisque son nom l'indique, et cependant ce n'est pas une porte parce que c'est une place. C'est là que convergent toutes les artères de cette ville si bien tracée qui est la capitale de l'Espagne, c'est là qu'on remarque le plus de monde, de voitures, de tramways, de vie, de mouvement. Cette place est située à l'endroit où s'élevait jadis une ancienne porte de la ville, la Porte du Soleil, ainsi nommée parce que de ce point culminant on contemplait les incroyables effets des couchers du soleil sur les horizons infinis de Castille.

Madrid était autrefois un simple fort arabe placé au-dessus du plateau en sentinelle vigilante. Avec le pays environnant la forteresse tomba entre les mains des catholiques au onzième siècle. Ceux-ci se rassemblèrent peu à peu autour du vieux fort; un village d'abord, puis une petite ville s'élevèrent modestement. Longtemps l'insignifiante Madrid végéta sur son coteau dans l'ignorance des hautes destinées qui lui étaient réservées.

Le pays était alors boisé et fertile, de nombreuses rivières arrosaient continuellement la plaine. Mais là comme partout, l'imprévoyance et l'incurie des Castillans exercèrent leurs abomi-

nables ravages : les environs se déboisèrent rapidement, les rivières se tarirent presque toutes, les
champs retombèrent en friche et la petite ville ne
tarda pas à se trouver, — comme la capitale l'est
encore aujourd'hui, — au milieu d'un vaste
désert.

On ne saurait trop le dire, car on ne le sait
généralement pas assez, aux temps ibères, carthaginois, romains, wisigoths, puis arabes, l'Espagne était un beau pays, fertile, bien cultivé,
couvert de grands bois, de vertes prairies, arrosé
de nombreux cours d'eau jamais à sec. Les catholiques du moyen âge détruisirent tout cela. De
même qu'ils ruinaient ou mutilaient les admirables monuments des civilisations antérieures
pour édifier à la place leurs monstrueuses cathédrales, de même ils ne surent conserver les aque-
ducs romains, les canaux arabes qui apportaient
aux villes et aux campagnes la richesse et la vie.
Bien plus, ils déboisèrent totalement leur beau
pays, tuant la poule aux œufs d'or et, pour
quelques bénéfices immédiats, préparant des
siècles de misère. Avec les Arabes la richesse
foncière de l'Espagne a disparu et si les neuf
dixièmes de la Péninsule sont aujourd'hui un
désert, c'est aux catholiques destructeurs qu'on
le doit.

Sera-t-il jamais possible de réparer le mal qu'ils ont fait et pourra-t-on redonner à ce malheureux pays sa richesse de jadis? Il faudra des centaines d'années d'efforts soutenus et de dépenses énormes pour recouvrir les collines de leurs bois, pour ramener la fertilité dans les plaines et l'eau dans les rivières. On ne refera jamais les monuments arabes disparus !

Lors de la conquête arabe, les catholiques, refusant de se soumettre à leur domination, se réfugièrent dans les montagnes inaccessibles du nord. Leur âme et leur religion se moulèrent sur leur rude existence de montagnards et d'éternels combattants. Ils n'abandonnèrent jamais l'idée de revanche et finirent par chasser les Maures de leur pays. Leur religion et leur caractère se ressentirent toujours de la vie farouche qu'ils avaient menée pendant des siècles en attente fanatique de restauration aux terres de leurs ancêtres. Maîtres enfin du pays, ils ne surent qu'exterminer les derniers représentants de la religion musulmane, que détruire fanatiquement les précieux ouvrages arabes qui donnaient la richesse aux campagnes et que jeter à terre les admirables monuments qui proclamaient si haut la gloire d'une religion ennemie. Leur seule manifestation créatrice se révéla dans l'édification de ces cathédrales, sombres comme leur religion, énormes comme leur fanatisme.

Madrid passa un beau jour du rang de pauvre petite ville à celui de capitale d'un grand État. Rien cependant ne pouvait lui faire prévoir cet honneur. Située sur de hauts plateaux et proche de la sierra de Guadarrama, elle est très froide l'hiver; au milieu d'un désert infertile et sans eau, elle est brûlante l'été; elle était placée sur une rivière insignifiante; elle n'avait aucun passé politique. Ce fut précisément cette dernière raison qui la fit choisir par Philippe II. Ce prince voulait une capitale indépendante pour l'Espagne unifiée; les capitales des anciens royaumes : Burgos, Sarragosse, Valladolid, Séville, Cordoue, Grenade, Valence, devaient être écartées comme trop particularistes et pas assez centrales : Tolède, située au milieu du royaume, mais où le clergé était tout-puissant, plus puissant que le roi, ne pouvait non plus être choisie. Philippe II créa sa capitale de toutes pièces; il inventa Madrid, il décréta que cette ville serait désormais *seule* capitale, seule cour, *unica corte*. Dès lors la ville se développa rapidement. Aujourd'hui, Madrid nous apparaît comme une belle cité, bien construite, ayant ses rues larges et bien tracées, de belles places, de grands boulevards, de beaux jardins, une ville moderne en un mot, mais à laquelle il manque, hélas! cet intérêt de curiosité qui se dégage des villes anciennes et ce charme de pittoresque que produisent leurs vieux monuments.

Les maisons de Madrid sont à peu près toutes en briques; elles sont hautes, propres, très régulièrement construites; elles manquent de style, se ressemblent toutes, elles ont l'uniformité décevante de la nudité.

Les grandes rues aboutissent à la Puerta del Sol, qui semble une étoile aux multiples rayons et où elles déversent leur animation en un flot sans cesse renouvelé.

L'habitant de Madrid est agréable, mieux habillé, plus « comme il faut » que celui d'aucune autre ville espagnole, même de Barcelone. Les beaux attelages y sont nombreux et pleins de goût, ils portent souvent de jolies citadines en mantilles et sous la mantille aussi jolies que les Sévillanes. Les Madrilènes sont petites, gracieuses et gaies, pas plus que les Andalouses elles ne tiennent leurs yeux dans leur poche; elles ont le teint pâle, très blanc et exagèrent encore cette blancheur par un abondant emploi du maquillage.

La capitale de l'Espagne, malgré sa belle ordonnance, serait d'un bien médiocre intérêt pour le visiteur si elle ne possédait l'un des plus beaux musées de peinture de toute l'Europe. Le *Musée du Prado* renferme une collection unique de chefs-d'œuvre; c'est un véritable sanctuaire de l'Art où une série de rois, à commencer par Charles-Quint, se sont efforcés de collectionner les toiles des grands maîtres espagnols et étrangers de la Renaissance, chefs-d'œuvre de Velasquez, de Murillo, de Zurbaran, du Greco, de l'Espagnolet et de Goya, ces quelques génies qui assumèrent à eux seuls la lourde tâche de résumer pendant des siècles l'inspiration artistique de tout un peuple, chefs-d'œuvre du Titien, de Véronèse, de Raphaël, de Fra Angelico, d'Andrea del Sarto, de Rubens, de Van Dick, de Van der Weyden, d'Albert Durer, de Claude Lorrain, de Poussin, du Corrège, ces artistes étrangers, dont la gloire rayonnante vint planer jusque sur le ciel de l'Espagne.

Il y a malheureusement beaucoup de toiles médiocres ou d'un intérêt moindre, mais l'œil est instinctivement attiré par les chefs-d'œuvre qui arrêtent au passage.

On y voit une très grande quantité de *Velasquez;* c'est le roi de ce musée, qui possède la plupart de ses chefs-d'œuvre. Le grand artiste avait

une science du coloris qui n'a peut-être jamais
été dépassée. Ses paysages, ses tableaux d'histoire, de mythologie, de genre, font un effet surprenant. J'avoue, par contre, n'avoir nullement
goûté ses fameux portraits, à l'exception cependant des petits tableaux de Philippe III et de
Philippe IV, qui sont des merveilles du genre. Il
a fait une légion de portraits de rois, d'infants et
d'infantes, de princes et de princesses, de bouf-
fons et de ministres, isolés ou en groupes, à pied
ou à cheval, qui ont une réputation énorme et qui
ne m'ont rien dit du tout... Les figures sont horriblement fardées de blanc et de rouge, ses princesses ont des airs de pierreuses, ses chevaux sont
bizarres, faux d'allures et de proportions. Certaines de ses princesses sont si outrageusement
fardées que les fleurs rouges qui ornent leur coif-
fures semblent faites du carmin de leurs joues qui
aurait déteint sur leurs cheveux tombants.

Murillo, impeccable, lui dispute la première
place ; on pourrait la lui accorder sans conteste si
tous ses chefs-d'œuvre étaient réunis ici. Le Musée
du Prado n'en possède malheureusement qu'une
trop faible partie. Il y a plusieurs « Immaculée
Conception » toutes de la même manière qui sont
extraordinaires de couleur et de pureté angélique.

L'Espagnolet (Ribera) est représenté par beaucoup d'admirables toiles, mais surtout par sa « Madeleine dans le désert » dont on n'arrive pas à détacher les yeux, tellement l'expression est vraie et l'éclairage parfait.

Enfin le peintre plus moderne, puisqu'il n'est mort que le siècle dernier, l'être bizarre et fantasque, le mordant critique et l'artiste surabondant qu'était *Goya*, est présent dans tous les coins et recoins du musée. Ses cartons satiriques, ses tableaux aux éclairages surprenants et aux figures grimaçantes sont fort connus aujourd'hui et en font un véritable type. Il s'élève parfois à des hauteurs surprenantes dans l'art pur et ses deux tableaux de la « Maja » représentent le plus beau portrait de femme, le plus beau corps de volupté qu'on puisse admirer.

Dans la soirée nous avons été faire une promenade au *Buen Retiro*, l'ancienne résidence champêtre des rois d'Espagne, aujourd'hui transformé en parc public, où les brillants équipages viennent circuler nombreux dans les larges allées et sous les beaux ombrages.

Vendredi, 6 septembre.

Nous partons ce matin pour Tolède. Nous y allons en chemin de fer, d'abord parce que l'auto

a besoin d'une réparation destinée à lui faire retrouver son quatrième cylindre et surtout parce
que nous tenons à faire connaissance avec les
chemins de fer espagnols sur lesquels nous avons
entendu conter tant de légendes.

Eh bien ! oui, les chemins de fer de ce pays ne
mentent nullement à leur réputation. Comme
wagons et locomotives représentez-vous le matériel français d'il y a trente ans, avec la saleté
espagnole en plus. Nous avons mis 2 heures et
demie par train express pour couvrir les 70 kilomètres qui séparent Tolède de Madrid, et nous
sommes arrivés exactement à l'heure indiquée !
Plusieurs fois j'ai chronométré la marche du train :
mes résultats ont varié entre 25 et 30 kilomètres
à l'heure !

Tolède est une vieille ville morte. Aux temps
mauresques son passé fut brillant comme celui de
Cordoue ; comme celle de Cordoue sa déchéance
fut cruelle depuis l'ère catholique. Il y avait
autrefois 200 000 habitants dans cette ville, qui
en compte à peine 25 000 aujourd'hui.

Tolède forme un tableau éminemment pittoresque. Imaginez-vous un rocher circulaire, à pic
sur les trois quarts de sa circonférence et sur
cette même longueur baignant dans les flots profonds et verdâtres du *Tage*. La ville, encore en-

tourée de ses anciens murs wisigoths et mauresques, s'étale sur le rocher que surmontent la masse imposante de l'Alcazar et le haut clocher de la cathédrale. C'était bien la position réputée à juste titre inexpugnable au moyen âge. Plusieurs ponts à hautes arches enjambent l'abrupt ravin du Tage et font communiquer la ville avec l'extérieur. Ces ponts remontent aux époques héroïques, on voit encore les bastions crénelés et les redoutes qui en défendaient l'entrée.

Les curiosités capables d'allécher le touriste y sont nombreuses, aussi, dès notre arrivée, commençâmes-nous à parcourir en bon ordre les petites rues tortueuses et odoriférantes de l'ancienne cité arabe.

Pour nous rendre à la manufacture d'armes nous traversâmes ainsi toute la ville; on se serait cru encore à Tanger, mais les Arabes manquent. Ils sont remplacés ici par de nombreux mendiants. Ces mendiants espagnols sont impérieux, se drapent avec fierté dans leurs sordides loques et semblent avoir conscience de leur force, la force du nombre, car ils sont légion.

Obsédés par le souvenir des « fines lames de Tolède » puisé en maintes lectures, nous ne voulions pas venir ici sans les voir de nos propres yeux. J'avoue que j'avais rangé ces lames au rang des mythes et je fus très surpris, en visitant la *Manufacture d'Armes de Tolède,* d'en voir fabriquer en grande quantité et de constater que leur trempe était toujours au niveau de leur fameuse réputation ; je fis même l'acquisition d'une épée si flexible et si bien trempée qu'on peut l'enrouler comme un cerceau.

A côté de la fabrique d'épées part le chemin qui mène au *Pont Saint-Martin,* édifice solide datant du treizième siècle, qui enjambe le Tage d'une courbe gracieuse. Au pied de ce pont la légende place *le bain de Florinde ;* cette Florinde, surnommée *la Cava,* était fille d'un seigneur important de Tolède, un Wisigoth de marque, le comte Julien ; le roi Rodrigue avait son château au bord du fleuve, il vit un certain jour *la Cava* prenant son bain ; la fille du comte Julien était parée de sa seule nudité, elle était jeune et belle, le roi avait les doux instincts des barbares de ce temps. Ce beau corps lui fit envie, il s'en empara, il s'en servit ! Lorsqu'il apprit son déshonneur, le père de la belle Cava entra dans une colère comme savaient seuls en prendre les chevaliers d'alors. A cette époque trouble de barbarie, les sentiments de patriotisme étaient à peu près aussi définis que dans les âmes vermoulues de nos antimilitaristes actuels ; le comte Julien ne trouva qu'un moyen de vengeance : il pactisa avec les infidèles, il appela à son aide la horde arabe dont les flots tumulteux commençaient à déferler sur les côtes d'Espagne. Et les Arabes vinrent, ils envahirent le pays, défirent le roi Rodrigue, prirent Tolède. Ainsi finit le dernier roi wisigoth de l'Espagne, ainsi commença la puissance mauresque : c'était en 711.

Si la légende nous apprend comment les Arabes s'emparèrent de Tolède, elle nous rapporte également comment les catholiques la reprirent trois siècles plus tard. Lorsque don Alphonse, qui fut ensuite le roi Alphonse VI de Castille, se fut enfui du monastère de *Safagun* où son frère le roi Sanche le retenait prisonnier, il se réfugia à Tolède auprès du roi maure *Ali-Maynon* qui généreusement lui accorda asile et protection. Pendant son séjour à la cour arabe don Alphonse étudia soigneusement les moyens de défense de Tolède et réussit à en surprendre le point faible. Devenu plus tard roi de Castille à la mort de don Sanche, Alphonse VI, accompagné du Cid, paya aux Arabes sa dette de reconnaissance en s'emparant de la ville (1085) (1).

Ainsi donc ce fut par la trahison de l'un des

---

(1) Chronique espagnole du *Cid*.

leurs que les catholiques furent chassés de Tolède; ce fut encore par traîtrise qu'ils la reprirent. A chaque pas l'histoire espagnole nous montre ceux-ci sous un jour singulièrement défavorable, tandis qu'au contraire nous voyons toujours apparaître les Arabes avec une attitude pleine de loyauté, de grandeur et d'intelligence.

San Juan de los Reyes est située non loin de la manufacture d'armes. Cette église fut construite par les rois catholiques Ferdinand et Isabelle et devait leur servir de sépulture. On sait qu'ils modifièrent plus tard leurs intentions funèbres et qu'ils se firent enterrer à Grenade, sur le théâtre de leur principal exploit. Bien que trop orné, trop mièvrement sculpté, trop garni d'enjolivures arabes qui détonent dans la sévérité d'un temple du catholicisme espagnol, cet édifice n'en est pas moins pourvu d'une certaine grâce et d'une élégance légère qui font plaisir aux yeux.

La *cathédrale,* au contraire, est sévère et gothique. Elle est vaste, de lignes assez pures bien qu'on y rencontre tous les genres du gothique, depuis le style austère et pur de nos grandes cathédrales françaises jusqu'aux genres flamboyant, fleuri et baroque. L'intérieur est gâté par les habituelles enluminures espagnoles et tout effet de perspective y est supprimé par le chœur posé au beau milieu de la nef entre de hautes murailles suivant l'usage de ce pays. D'après une habitude non moins espagnole, toutes les chapelles latérales sont fermées par de lourdes grilles à épais barreaux de fer qui les font ressembler à autant de cages de bêtes fauves.

Comme ces grandes cathédrales d'Espagne sont tristes, lugubres, angoissantes! Ah! c'est que le catholicisme fut ici une religion d'épouvante, de tortures et de sang. Les catholiques vainqueurs furent incapables d'un effort autre que celui de la bataille ou de la torture; ils se renfermèrent dans une vie de renoncement et de contemplation; ils contemplèrent le sang répandu par les inquisiteurs et par... les toréadors. La foi catholique, qui chez tant de peuples fut la source de toute lumière, ne fut en Espagne qu'un instrument de haine et de destruction. La Renaissance fut presque partout un rayon divin; ici elle se manifesta pour montrer l'impuissance des catholiques.

Dans bien des villes ceux-ci ont joué le rôle d'oiseaux parasites, nichant dans les nids des dépossédés. Le culte catholique s'établit souvent dans les mosquées, mais souvent en les détériorant.

A Tolède plusieurs sanctuaires des anciennes religions servirent aux prières des vainqueurs.

Santa Maria la Blanca est une ancienne synagogue du onzième siècle. Extérieurement on dirait une grange, l'intérieur est une fête d'architecture arabe : c'est petit et simple, mais combien délicates sont les fines dentelures de l'ornementation, gracieuses ces colonnes et ces arcs tout blancs! C'est un intérieur de lumière et de grâce, un diamant resplendissant dans sa gangue grossière.

Les juifs semblent avoir joui à Tolède d'une immunité qu'on ne rencontre nulle part ailleurs en Espagne. Ils eurent un temps le droit d'y vivre au grand jour, de prier leur Dieu, de construire des temples. Il paraîtrait que cette tolérance tenait, à ce que rapporte la légende, à ce fait que la tribu juive de Tolède, établie dans cette ville même au temps des Romains, aurait été la seule à ne pas approuver la mort du Christ.

San Benito est encore une ancienne synagogue transformée en église; on l'appelle aussi la *Synagogue del Transito*. Elle fut construite sous la domination castillane au temps de Pierre le Cruel et convertie en église sous Ferdinand le Catholique, après l'expulsion des juifs. L'extérieur de l'édifice est absolument nul, mais l'intérieur est en style mudéjar gracieux et élégant.

La chapelle de *Santo Cristo de la Luz* est à son tour une ancienne mosquée arabe devenue sanctuaire catholique. C'est là que le premier service divin fut célébré après la prise de la ville par les Castillans. Son nom de *la Luz, la lumière,* provient d'une légende : lorsque Ferdinand VI et le Cid firent leur entrée solennelle dans la ville après l'expulsion des Maures, le cheval du Cid s'agenouilla devant la mosquée et refusa d'avancer plus loin ; on abattit le mur devant lequel *Babieca* faisait sa génuflexion et l'on y trouva une cavité renfermant un crucifix et une lampe chrétienne brûlant encore depuis trois siècles. L'ex-mosquée est toute petite mais gracieuse au possible.

La chapelle est entourée d'un petit jardin de figuiers et de grenadiers communiquant avec les corridors intérieurs de la *Puerta del Sol,* l'une des anciennes portes fortifiées de Tolède. On peut monter jusqu'au sommet des créneaux de cette porte et l'on découvre un admirable panorama de la ville moyenageuse avec ses vieilles murailles, ses antiques ponts, ses portes crénelées, ses ruelles étroites. Ces monuments d'un âge qui n'est plus, conservés et dorés par le soleil d'Espagne, la situation escarpée de la ville dominant une plaine nue où l'on ne distingue que les méandres du Tage scintillant à la lumière, donnent à Tolède un aspect curieux qu'il est impossible d'oublier.

Nous avons déjeuné à l'*Hôtel de Castille* établi dans un palais superbe et tout neuf. Détail à noter : il fait une chaleur accablante et il n'y a pas de glace à cet hôtel, où du reste les gens sont aussi peu complaisants qu'en Andalousie et vous écorchent comme ils le feraient de vulgaires lapins, ou mieux et en vrais hôteliers, comme de simples chats !

A Tolède il y a en tout quatre voitures de place, deux avec chevaux et deux avec mules. Au moment de regagner la gare qui est dans la plaine, très loin, l'hôte nous apprend d'un air souriant qu'elles sont toutes retenues. Nous dûmes aller à pied, entourés d'une escorte de mendiants, au hasard des ruelles invraisemblablement étroites et odorant l'eau de Javel.

Le train, aussi lent qu'à l'aller, nous ramena à Madrid en nous promenant dans l'aride plaine où l'on voit, par endroits seulement, quelque verdure au hasard de la rencontre du Tage en ses sinueux contours (1).

---

(1) La route de MADRID à TOLÈDE a 68 kilomètres. Elle a été parcourue en automobile en 1904 par M. le comte de

Samedi, 7 septembre.

Ce matin, comme je flânais dans les rues de Madrid, de nombreuses et flamboyantes boutiques de perruquiers me rappelèrent que nous étions dans la patrie de Figaro. Décidé à tout connaître je me hasardai dans l'une d'entre elles.

L'artiste capillaire auquel je confiai ma précieuse tête avait au front la marque du génie. Il explora longtemps du regard le champ, — assez clairsemé, — sur lequel il allait porter ses coups, puis, n'écoutant plus que sa bravoure, il se jeta hardiment dans la mêlée. Ah! ce fut un bien beau travail. Quels soins! Quelle conscience du fini! Il coupa mes cheveux un à un. Lorsqu'un poil était tombé sous l'éclair de son acier il s'emparait du suivant, faisant mentalement un calcul compliqué par lequel, étant donnée la longueur du cheveu tondu et celle du cheveu à tondre, il déterminait la quantité qu'il devait abattre, puis il fermait bravement ses ciseaux. Cela dura deux petites heures! Après ce fut le tour de ma barbe : comme pour les cheveux, ce Michel-Ange du

Chabannes qui l'a trouvée généralement bonne, sauf pendant les quelques kilomètres qui avoisinent la capitale.

rasoir opéra poil par poil, mais avec cet agrément qu'entre l'ablation de chaque poil, il se croyait obligé, pour la plus grande perfection du travail, d'aiguiser son rasoir. Cela demanda un certain temps. Enfin on apporta l'armet de Mambrin plein d'eau, un enfant me colla cet appareil sous le menton, l'échancrure me serrant fortement l'œsophage et l'habile homme daigna me laver lui-même avec un blaireau. Puisqu'il m'avait lavé, je crus qu'il m'essuierait aussi, mais j'attendis vainement, car il paraît que ce perfectionnement dans nos habitudes françaises ne va pas jusque-là... Je dus m'essuyer moi-même.

Nous avons été visiter le *Palais Royal*, vaste, imposant, bien ordonné, admirablement situé au-dessus d'un coup d'œil unique, mais d'une architecture assez quelconque. On monte au premier étage par un splendide escalier d'honneur et l'on pénètre dans les salons d'apparat où le cristal et l'or étincellent de toutes parts. On y remarque une profusion inouïe de marbres très beaux et de toutes les variétés; les meubles et les tentures sont d'une extrême richesse, mais fort défraîchis.

La *Chapelle Royale* fait partie des bâtiments royaux; elle est très ornée et surtout très dorée, mais ces dorures ne produisent pas là le mauvais effet qu'on remarque dans la plupart des églises espagnoles ; il y a dans ce sanctuaire une harmonie de proportions et une sobriété de lignes qui charment l'œil, il y a grand luxe, mais cette fois luxe de bon goût.

Sur *la place d'Armes* située devant le Palais s'élève le musée de l'*Armeria*, où l'on visite une très intéressante collection des armes et armures de l'Espagne de tous les âges.

A 4 heures du soir l'auto, tout propre d'une minutieuse toilette, stationnait devant l'hôtel de Embajadores et, ronflant gaiement, nous emportait dans les rues animées de la capitale, puis sur les routes désertes. Nous allons coucher à l'*Escurial*.

La route sort de Madrid au bas du Palais Royal devant la gare du Nord ; elle suit longuement la *promenade de la Florida*, dont les grands arbres touffus entretiennent une douce fraîcheur même au cœur de l'été. Puis on franchit le pont sur le *Manzanarès*. J'ai lu vingt fois des plaisanteries variées sur cette pauvre rivière ; les uns disent que Madrid est situé sur une rivière sans eau ; d'autres, que l'été on doit arroser le lit du Manzanarès pour l'empêcher de dégager trop de poussière ; certains, que cette rivière est l'un des principaux boulevards de la capitale. Ces plaisanteries pourraient passer pour fort drôles si elles n'étaient absolument fausses. D'abord le Manzanarès n'arrose pas la capitale elle-même, il passe en dehors de la ville, au bas des jardins royaux; ensuite le Manzanarès a de l'eau, toujours de l'eau et de l'eau courante. Je l'ai vu tel en plein été, après huit mois de sécheresse, et s'il est une époque où il aurait pu justement être à sec, c'est bien à celle-là. Ce n'est évidemment pas un fleuve navigable, ce n'est même pas une grande rivière, c'est un ruisseau toujours vif entre deux rives de verdure.

La route quitte les ombrages et traverse une région cultivée de céréales et d'oliviers. Elle atteint bientôt les premiers contreforts de la *sierra de Guadarrama* dont les sommets élevés se dessinent à l'horizon; à partir de là elle monte, monte sans cesse jusqu'à l'Escurial.

L'*Escurial* est formé de deux villages et d'un célèbre monastère. L'*Escorial de Abajo* ou l'Escurial le bas est l'ancien village et l'*Escorial de Arriba* ou l'Escurial le haut, de création bien postérieure, est maintenant un agréable séjour estival fort goûté des Madrilènes qui viennent dans les douces brises de la sierra échapper à la fournaise de Madrid.

L'Escorial de Arriba est aujourd'hui une petite

ville de plus de 5000 habitants, toute coquette et parée. Sa situation en pleine montagne, ses nombreux ombrages, sa fraîcheur sont très agréables. En cette saison il y règne une animation considérable : on se croirait à Madrid sur la Puerta del Sol, mais avec plus de laisser-aller ; ici la morgue espagnole, aux champs, se relâche.

L'hôtel Reina Victoria où nous comptions descendre n'est pas encore achevé et nous le regrettons vivement, car par celui d'Alicante nous connaissons le bien-être que le voyageur trouve dans les hôtels de la société franco-espagnole. Nous nous sommes rabattus sur la *Fonda Miranda*, qui est simple mais excellente et où l'hôte est d'une complaisance tout à fait recommandable. Le soir à dîner on m'a servi un jambon de la Manche cuit au vin blanc et au sucre, qui est un manger digne des dieux, j'en ai repris quatre fois et aujourd'hui encore, à son souvenir, l'eau m'en revient à la bouche (1).

Dimanche, 8 septembre.

S'il est un monument qui fut décrié sur tous les tons, on peut dire que c'est par excellence le

---

(1) MADRID — L'ESCURIAL : 48 kilomètres. — *Route :* bonne.

palais-monastère de l'*Escurial*. On dirait que tous les Français qui ont visité l'Espagne et qui, comme moi, ont éprouvé la dangereuse manie de faire connaître leurs impressions, ont tenu à rivaliser de mauvais compliments à son égard.

Les uns ont écrit qu'il est placé au milieu d'un aride désert; rien n'est plus faux : assis au pied de la sierra de Guadarrama, à mi-hauteur de l'un des échelons de la montagne, dans une position admirable d'où l'on découvre une vaste plaine d'un côté et les crêtes de la sierra de l'autre, il est entouré de beaux ombrages et le pays qu'on voit se dérouler devant soi est couvert d'arbres et de cultures. Ce n'est pas sans raison que les habitants de Madrid ont choisi ce coin charmant et plein de fraîcheur, où l'air est excellent, pour venir y passer les mois caniculaires.

D'autres ont redit que ce monument est sans caractère, sans goût, sans architecture. A mon humble avis, je trouve que ce monastère a un très réel cachet de grandeur et qu'il fait éprouver une impression forte au touriste qui le visite pour la première fois. C'est de la bonne et belle architecture; en tous cas, c'est certainement ce que nous avons vu de plus beau jusqu'ici en Espagne en fait d'architecture catholique.

On est saisi d'un singulier sentiment en parcourant les cours et les voûtes de ce monastère élevé par le roi Philippe II, en suite d'un vœu fait par lui à saint Laurent à la bataille de Saint-Quentin. On éprouve comme du respect pour ce prince qui fut le premier de l'Europe, qui gouverna la si puissante, la plus puissante Espagne, qui édifia ce monument colosse, qui le dota d'une église à faire pâlir bien des cathédrales, qui prépara un panthéon royal d'une splendeur éblouissante, qui joignit un palais au monastère et qui, dans cette titanesque construction, ne se réserva que trois pauvres petites chambres pour tout appartement.

L'église de l'Escurial, encastrée au milieu des bâtiments, fait assez à l'intérieur l'effet d'une mosquée turque. La coupole immense repose sur quatre énormes piliers. Elle est le centre d'une croix formée par les deux nefs. C'est l'église la plus élégante que j'aie vue en Espagne; elle a un cachet de simple grandeur auquel nous n'étions pas habitués.

Le *Panthéon,* situé en crypte sous l'église, est entièrement de marbre. C'est une des choses les plus riches et les plus belles qu'on puisse voir en ce genre. Il y a là une profusion insensée de marbres précieux de toutes natures et de toutes couleurs. De sobres reliefs en bronze doré rehaussent encore la richesse de ce séjour funèbre.

Le *Panthéon des Rois* ne contient plus qu'une seule place vacante; elle est réservée au jeune roi actuel, Alphonse XIII, au *petit roi,* comme ils disent ici. Le premier roi qui y fut inhumé est le grand Charles-Quint, dont l'auréole glorieuse a traversé tant de siècles, de cet homme que l'histoire semble avoir placé bien au-dessus des hommes, et dont je me suis trouvé là si près, à pouvoir lui serrer la main! Le sarcophage qui vient immédiatement après le sien est celui de Philippe II, son fils, le plus grand roi de l'Espagne, le fondateur de l'Escurial. C'est une pièce circulaire située immédiatement sous le maître-autel de l'église. C'est un lieu qui ne peut être évidemment réservé qu'aux grands de la terre, tellement il respire la majesté et la richesse.

Le *Panthéon des Infants et des Prince royaux* est tout en marbre blanc. Il est réparti entre des galeries entièrement immaculées et brillantes : voûtes, sol, murailles, tout scintille.

La masse énorme du monastère domine la plaine; fait avec le granit de la sierra, sa couleur s'identifie avec celle de la montagne et l'œuvre des hommes se confond de loin avec celle de

Dieu. La croyance populaire a voulu comparer la forme de ce monument avec celle d'un gril, à cause du martyre de son saint patron. En réalité, le supplice de saint-Laurent n'est rappelé que par un gril sculpté sur la façade principale du monastère et il faudrait beaucoup de complaisance pour retrouver dans la disposition des bâtiments un rapprochement exact avec cet ustensile de cuisine.

La principale façade de l'Escurial, dans laquelle on a voulu exagérer la simplicité, manque évidemment de charme, mais les autres faces, avec leurs hautes tours pointues et leurs lignes si pures, sont admirables. On est saisi d'une respectueuse crainte en regardant la façade qui domine jusqu'à Madrid, du haut de ses 1 000 mètres d'altitude.

Sur ce séjour du recueillement et de la prière, l'âme de Philippe II semble planer éternellement, âme féroce et fanatique qui n'existait que pour la gloire de l'Église, âme sombre et détachée des jouissances du monde, synthétisant admirablement le caractère des catholiques espagnols.

Après notre longue visite à l'Escurial, nous nous sommes remis en route à 10 heures du matin. Pour rejoindre la grande route de Madrid à Valladolid, on suit pendant 10 kilomètres un excellent chemin qui longe la sierra et qui aboutit au petit village de *Guadarrama*.

Là on trouve la grande route qui est large et parfaitement bonne; en sortant du village, elle commence tout de suite à gravir les pentes escarpées de la *sierra de Guadarrama*. Cette montée est terriblement dure; on s'élève avec rapidité sur les flancs de la haute chaîne, au milieu de bois de chênes et de pins. Le regard s'étend sur la plaine que rien ne limite jusqu'à l'horizon. C'est un des plus beaux spectacles d'Espagne.

Au sommet de la sierra, sur un grand socle de granit, au bord de la route, se dresse fier et majestueux le *Lion de Castille*. Derrière nous, la Nouvelle-Castille et Madrid et, devant nous, longuement ondulée, la Vieille-Castille.

On redescend le versant nord de la sierra parmi des bois touffus de pins et de sapins; la pente paraît moins raide de ce côté.

Et l'on roule de nouveau dans la plaine.

Laissant à droite la route de *Ségovie*, nous atteignons bientôt *Villacastin*, petite ville aux maisons délabrées et branlantes. Une auberge sale et misérable ne nous inspire nullement confiance. Nous nous bornons à nous y pourvoir de pain et de raisins et, quelques kilomètres plus loin dans la campagne, nous déjeunons à l'ombre de quelques arbres avec les provisions du bord.

La route se poursuit ensuite toujours très bonne. Laissant à gauche la direction d'Avila, nous glissons doucement au milieu d'un pays perpétuellement ondulé.

Une bande de quinze grands vautours, réunis au bord du chemin, s'effrayent à l'apparition de l'auto et s'envolent après deux ou trois sauts maladroits pour pouvoir développer leurs interminables ailes. Je n'avais jamais vu de ces volatiles en liberté. Dieu! qu'ils sont vilains avec leur long cou pelé, leurs ailes qui semblent des loques de mendiants et leur collerette ridicule! Ceux-ci étaient énormes; à terre leur tête se trouvait à la hauteur de celle d'un enfant de quinze ans.

Un peu plus loin, nous traversâmes une nombreuse troupe d'oies sauvages, autres bêtes fort grosses qui s'enfuyaient en trottant des deux côtés de la route.

Olmedo est une vieille ville en ruines qui ne remplit plus ses murailles délabrées et dont l'air cadavérique effraye même la route, qui fait un léger coude pour l'éviter.

A partir de *Mojados,* le chemin se fait un peu moins bon : il y a des cailloux épars sur le sol, comme dans certaines routes du sud.

On franchit le *Douro,* qui roule ses eaux pares-
seuses et jaunes dans un fossé de terre glaise.

Vers 5 heures du soir, nous faisions notre
entrée dans cette bonne ville de *Valladolid* où,
entourés d'une marmaille en guenilles, nous nous
arrêtions devant l'*Hôtel de France* (1).

Cet hôtel n'a qu'un seul mérite, c'est qu'on y
parle le français. M. le comte de Chabannes, qui
y a logé il y a trois ans, nous l'a dépeint comme
sale et... habité; il n'a pas changé depuis. On y
fournit gratuitement des cheveux dans le potage
et des puces dans les chambres.

Lundi, 9 septembre.

Valladolid fut célèbre au temps de la reconquête catholique, car alors elle servit de résidence
préférée aux rois de Castille et de Léon.

C'est ici que *Cervantès* habita longtemps; c'est
là qu'en 1506 mourut Christophe Colomb. On
montre encore les maisons respectives de ces
deux grands hommes.

Cette vieille ville s'est considérablement modernisée. Elle possède beaucoup de maisons

---

(1) L'ESCURIAL. — VALLADOLID : 153 kilomètres. — *Route :*
très bonne de l'Escurial à Mojados, passable de Mojados à
Valladolid.

neuves, mais de ces maisons espagnoles comme on en voit tant à Madrid, hautes de quatre ou cinq étages, en briques, d'une architecture médiocre et qui, avec leurs balcons vitrés, paraissent toutes semblables.

Elle a de belles rues, de jolies places, une longue *Alameda* et de grands jardins. Elle cherche à copier Madrid.

Avant de repartir nous avons été visiter le *musée du collège de Santa-Cruz*, qui renferme de très intéressantes sculptures sur bois, dues aux maîtres espagnols *Berruguete, Hernandez* et *Jean de Juni*. Je tiens à citer une descente de croix impressionnante de douleur et un cadavre dont on voit les chairs desséchées se décollant des os, l'épaule disjointe, le ventre troué montrant les viscères, le corps couvert des immondes animaux de la putréfaction, œuvre frappante de réalisme. Ce même musée renferme également les stalles du couvent de *San-Benito* qui sont de vraies merveilles de sculpture.

La sortie de la ville pour gagner la route de Burgos est chose absolument compliquée. Nous dûmes prendre un guide pour nous mettre dans la bonne voie.

Enfin à neuf heures du matin nous roulions dans la triste campagne sur une route assez médiocre.

Quelques collines grises, totalement nues, se dressent d'un air morose au milieu de la plaine.

Après *Cabezon* on franchit la rivière qui arrose Valladolid, la *Pisuerga*, sur un pont monumental-fort ancien. Puis on longe le *canal de Castille* qui, théoriquement, doit servir à la navigation si l'on s'en rapporte à ses longues écluses, mais qui ne sert en ce moment qu'aux seules grenouilles, car il est à sec et ne contient que de la boue.

On laisse à gauche la route qui se dirige sur *Palencia* et de suite le chemin devient bon.

Torquemada, patrie du trop fameux grand inquisiteur d'Espagne, est une ex-ville devenue village qui s'étend le long de la Pisuerga et ne manque pas de pittoresque. On retraverse ici cette rivière sur un interminable pont disposé en éperon de navire.

Nous nous arrêtons à midi pour déjeuner au bord d'un petit canal ombragé de grands saules. Ce sera notre dernier repas en plein air, car nous nous trouverons désormais dans des régions civilisées qui assureront à nos palais difficiles tous les mets qu'ils pourront désirer. Nos provisions sont du reste à peu près épuisées et le repas de ce jour va leur porter le dernier coup. En voici le menu : filets d'anchois, œufs durs, museau de bœuf, quenelles de volaille, cailles au foie gras et fruits. Comme de juste, ce dernier déjeuner fut copieusement arrosé par nos dernières bouteilles de champagne.

Et maintenant en une plaine aride et désolée nous roulons. Le paysage est sinistre, c'est la morne tristesse, la tristesse des couleurs, des choses et des gens. Tout là-bas, une aiguille semble sortir du sol, c'est le sommet de la cathédrale de Burgos qui se hausse pour regarder au loin, c'est *Burgos* qui se cache dans un trou au milieu de la plaine lugubre. On dirait que la ville a horreur de voir la désolation qui l'environne et, comme elle peut, se dissimule derrière quelques collines. Seule la haute tour surveille l'immensité déserte.

En approchant on découvre enfin les maisons qui se groupent craintives autour de la masse protectrice de l'asile divin.

L'auto file tout droit à la *cathédrale*. Cette grande masse gothique est bien, très bien! C'est élégant et majestueux, c'est de l'art vrai, du beau gothique, bien qu'hélas! un peu trop épanoui. Nous pénétrons. Voilà une cathédrale vraiment belle! La nef centrale, barrée au milieu, comme toujours, par la malencontreuse muraille du chœur, s'élève élégante et fière et semble se perdre dans les airs. La décoration est très riche et cependant ne choque pas les yeux... Sculptures fouillées, art sachant parler à l'âme.

Il faudrait des journées entières pour visiter comme elle le mérite la cathédrale de Burgos. Hélas! nous ne disposions que d'heures! Nous dûmes nous hâter pour parcourir toutes ses merveilles et souvent nous faire violence pour nous arracher à des contemplations prolongées.

Dans la première chapelle en entrant à droite, un sacristain tire une ficelle, un voile s'écarte et l'on a devant soi le fameux *Christ du Burgos,* frappant de naturel; on dirait un véritable cadavre hier encore en vie; la peau est de vraie peau, les cheveux sont de vrais cheveux; ce réalisme est si exact que le vulgaire prétend que ce Christ est un cadavre empaillé.

A gauche dans le transept on voit le prestigieux *escalier de la coronnerie,* digne, d'après Théophile Gautier, de conduire au « palais le plus éblouissant » et qui conduit tout simplement à la porte donnant sur la *rue de Fernand Gonzalès,* plus élevée de 10 mètres que le sol de la cathédrale.

La *Capilla Mayor* est entourée d'une couronne de chapelles dont chacune est digne d'attention. Les principales sont celles de *Santiago* qui sert d'église paroissiale et du *Connétable* où sont enterrés dans de superbes mausolées le connétable *don Pedro Hernandez de Velasco, comte de Haro* et sa femme *dona Mencia de Mendoza*.

Une porte en bois sculpté d'un art merveilleux donne accès dans un beau cloître, du gothique le plus pur. Ce cloître communique avec l'ancienne sacristie dans laquelle on fait voir *le coffre du Cid;* c'est une énorme malle cerclée de fer et munie d'un luxe inusité de serrures et de cadenas qu'on a accrochée bien haut contre l'un des murs de la salle. Voici quelle est la légende de ce fameux coffre : on sait que le Cid, don Ruy Diaz de Bivar, était originaire de Burgos, ou plus exactement du village de *Bivar,* situé non loin de cette ville; c'est à Burgos que la tradition du héros national s'est conservée la plus vivace, c'est Burgos qu'il habitait lorsqu'il fut banni par le roi Alphonse VI. Obligé de partir en exil, le Cid s'occupa à armer et à équiper cette armée avec laquelle il devait accomplir tant de hauts faits et aussi tant de rapines et qui, plus tard, devait lui donner le royaume de Valence. Comme il n'avait pas assez d'argent, il envoya quérir deux juifs de la ville nommés *Vidas* et *Rachel* et leur tint ce langage : « Amis, je n'ai jamais rencontré chez vous que de bons services, et vous chez moi, autant que je l'ai pu. Voici que le Roi m'ordonne de sortir de ses royaumes, ce que j'ai l'intention de faire. Mais je me trouve dans un grand embarras; les coffres où sont enfermés mes trésors n'étant pas assez légers pour que je les emporte, j'ai donc voulu les laisser entre vos mains, et je vous serais très reconnaissant si, sur ce gage, vous me prêtiez un peu d'argent, car je vous en sais, grâces à Dieu, bien pourvus. » Alors le Cid fit apporter deux coffres très grands, et complètement recouverts de cuir, avec des ferrures et quatre gros cadenas pour chacun. Quatre hommes n'auraient pu soulever un de ces coffres : ils avaient été remplis de sable, de telle sorte cependant que rien ne pût en sortir. Le Cid les leur remit en leur disant de voir ce qu'ils pouvaient lui prêter. Or comme les deux juifs étaient fort riches et qu'ils avaient grande confiance en la parole du Cid, ils lui donnèrent avec plaisir *cent marcs d'or et six cents d'argent,* puis lui firent signer des lettres par lesquelles il leur était permis, s'ils n'avaient pas été payés au bout d'un an, d'ouvrir les coffres et de vendre tout ce qu'ils renfermaient; après avoir obtenu leur suffisance, ils devaient envoyer au Cid le surplus (1). Avant l'année révolue le Cid, nageant dans l'or de ses

----

(1) Chronique espagnole du *Cid.*

razzias, avait remboursé les deux juifs qui avaient prêté sur du sable une somme colossale pour ces temps. On voit qu'un seul des deux coffres est parvenu jusqu'à nous ; il répond exactement à la description de la légende.

Du cloître on pénètre aussi dans la *salle Capitulaire,* où l'on voit un tableau du *Greco, le Christ à l'agonie,* étreignant de douleur poignante. Quelle peinture sombre et combien différente de nos maîtres italiens ou français. Cela me rappelle combien déjà j'avais été frappé en visitant le musée de Madrid par cette idée que les quelques peintres espagnols que leur art amena au niveau de l'éternité ont su être la très fidèle expression du caractère national ; l'Espagnol, même dans ses plus folles joies, reste sombre et austère ; même dans les œuvres les plus riantes de Velasquez, de Murillo, de Ribera, du Greco, de Zubaran, de Goya, on sent comme une arrière-pensée de sauvagerie, de dureté, de tristesse et de gravité.

Avant de quitter Burgos, je me suis rendu à la poste pour retirer mon courrier. Mais, ô surprise, le guichet est fermé, bien qu'il ne soit que 4 heures de l'après-midi. Un écriteau m'apprend que cet animal quinteux ne daigne s'ouvrir que deux heures par jour : de 9 à 10 heures le matin et de 5 à 6 heures le soir! Bien que nous soyions en Espagne et que j'aie appris à ne m'y étonner de rien, je la trouvais cependant trop forte... je dus repartir sans avoir pu prendre mes lettres, parmi lesquelles certaines étaient peut-être fort pressées!

Pas encore assez modernisée, plus assez ancienne, Burgos est une ville insignifiante : on dirait une sous-préfecture française vieillote et triste. Mais toute la ville s'efface et disparaît dans l'ombre gigantesque de l'édifice chrétien; Burgos, c'est la cathédrale.

Nous voilà maintenant sur une belle route bordée de grands arbres des pays tempérés : des arbres qui donnent une ombre véritable et touffue et non plus l'ombre transparente des oliviers que nous connaissions seule depuis des semaines.

La campagne a changé d'aspect, la verdure est moins rare, les champs cultivés sont devenus chose commune, mais la terre est toujours rouge.

La route s'est insinuée en un défilé étroit à l'air sauvage et impressionnant : un torrent rapide, le *rio Oroncillo,* s'est creusé un passage à même la montagne et les hommes profitèrent ensuite de l'œuvre de la nature en faisant passer par ce couloir la route et plus tard la voie ferrée : rivière, route et rails sont étroitement serrés les uns contre les autres au fond du sombre défilé. Nous sommes dans les *gorges de Pancorbo,* jadis célèbres par les exploits des brigands espagnols qui y dévalisaient impunément les malheureux voyageurs, célèbres aussi par les combats que s'y livrèrent Français et Anglais au temps de Napoléon Ier.

A la sortie des gorges on débouche dans la vallée de l'Ebre que l'on traverse à *Miranda de Ebro.* Hélas! nous ne retrouvons pas sans quelque mélancolie cette vieille connaissance. Elle est ici près de sa source ; nous la vîmes pour la première fois à côté de son embouchure, à Tortosa, il y a un mois, lorsqu'au début de notre voyage nous avions devant nous cinq semaines d'imprévu et de vie errante, lorsque gais et allègres nous entreprenions à peine notre longue tournée au pays des Arabes. Aujourd'hui nous voilà près de la fin de nos joies, sur la route du retour, les yeux pleins des choses que nous avons vues, pittoresques, curieuses, nouvelles et le cœur un peu serré à l'idée que cette délicieuse existence va se terminer, bientôt.

Miranda est une petite ville sale et enfumée, entourée de vieilles murailles et qui n'a plus guère d'importance que parce que bifurcation de deux grandes lignes de chemin de fer.

Au delà le pays s'accidente de nouveau. Avec la nuit tombante nous pénétrons dans un dédale de monts et de vaux où la route serpente, sinistrement. D'endroits en endroits, des croix lugubres marquent les lieux où jadis les brigands assassinèrent maint voyageur; nous ne pouvons hélas! goûter la forte impression qu'on ressentait jadis en ces parages par la terreur des brigands; ceux-ci n'existent plus en Espagne. Mais si! De l'ombre un bandit a surgi qui agite une loque rouge et nous intime l'ordre d'arrêter, sûrement pour nous demander « la bourse ou la vie ». Erreur, la bandit est une femme qui, au nom des autorités, nous réclame 5 pesetas pour l'entretien de la route et nous remet en échange un reçu parfaitement en règle. Depuis notre entrée en Espagne, depuis l'*obstaculo* de Puycerda, c'est la première fois que nous avons à acquitter un droit quelconque de péage.

Une descente, au bas des lumières brillent dans la nuit; c'est *Vitoria* où nous pénétrons à 8 heures (1).

L'*Hôtel de Quintanilla* a la réputation d'être le meilleur de Vitoria; son extérieur est très enga-

---

(1) VALLADOLID — VITORIA : 233 kilomètres. — *Route :* médiocre de Valladolid à la bifurcation de Palencia. Passable ensuite jusqu'à Burgos. Bonne de Burgos à Vitoria.

geant. En réalité il est d'une propreté douteuse et le service y est baroquement fait par un escadron de jeunes bonnes étourdies et mal complaisantes. Nous y avons mal dîné, mal dormi, mal déjeuné.

Mardi, 10 septembre.

Vitoria a l'air très moderne. C'est cependant une très ancienne ville dont la fondation par les Wisigoths remonte au sixième siècle. Elle oublie volontiers son ancienne origine dans sa hâte de ressembler aux cités du vingtième siècle et, pour faire montre de maisons de clinquant, laisse abattre les dernières pierres de monuments anciens qui pourraient faire sa gloire. Il ne reste à peu près rien d'intéressant à voir dans cette ville, aussi l'avons-nous quittée sans aucun regret ce matin, vers 9 heures, pendant que dans l'éloignement se perdaient peu à peu ses maisons aux balcons vitrés qui, sous les rayons du soleil, jetaient des feux de diamant.

La route, qui est tout à fait bonne, court en un paysage mouvementé et pittorresque. Voici la verdure complètement revenue : on voit de l'eau constamment, des rivières qui glissent sans bruit dans l'herbe, et le long de la route des fontaines, oui, des fontaines !

Quelques prairies tapissent de leurs velours d'émeraude le fond des vallons. Ce sont les premières prairies que nous voyons en Espagne... au moment d'en sortir... près de la frontière ! Cela me rappelle qu'avant notre départ on m'avait prédit que nous aurions toutes sortes d'ennuis dans ce pays, par le fait des animaux qui encombrent les routes pour aller le matin au pré ou le soir en revenir. Des prés en Espagne ! Oh ! la délicieuse plaisanterie !

Voici un nouveau péage : trois pesetas pour pénétrer dans la province de *Navarre*. C'est un peu cher, car nous ne roulons que quelques kilomètres sur son territoire, et bientôt franchissons la frontière de la province de *Guipuzcoa*. Il y a bien là encore un autre péage, mais j'ignore quel est son tarif, pour l'excellente raison qu'ayant aperçu trop tard le signal d'arrêt, je brûlai cyniquement la politesse au garde courroucé qui, longtemps, nous fit des gestes désespérés avec de longs bras de quadrumane, en nous lançant toutes les aménités que lui fournit son vocabulaire basque, idiome sonore et mystérieux.

Un peu avant *Idiazabal* on traverse en lacets et en rampes multiples une région montagneuse sauvage et délicieusement boisée. Ce n'est plus le paysage espagnol, c'est la France qui s'approche, c'est un avant-goût des Pyrénées.

On passe ensuite dans une charmante vallée où coule le *rio Oria*.

Tolosa est sur cette rivière : petite ville mi-ancienne, mi-moderne, moitié tranquille, moitié animée par les nombreuses usines qui l'entourent.

Bientôt après, la brise nous apporte les émanations salines de l'Océan qui n'est pas loin, mais qui se cache derrière les montagnes de la côte.

Un tunnel monumental fait passer la route sous la colline qui supporte le Parc et le Château du Roi et *Saint-Sébastien*, la ville nouvelle, la station de l'élégance espagnole, s'arrondit autour de sa petite baie fermée. Le site est admirable, la plage de sable fin borde gracieusement le lac tranquille où s'ébattent de nombreux baigneurs et l'horizon est fermé par une barrière de rocs heurtés entre lesquels une petite trouée laisse seule apercevoir l'Océan infini. De grands hôtels de carton, qui semblent honteux de mirer incessamment leurs faces blafardes dans les flots verts, abritent la foule bourdonnante des désœuvrés espagnols qui viennent ici voir et se faire voir.

Nous déjeunâmes à l'*Hôtel Continental,* le premier d'entre tous ces caravansérails du chic

où l'on paie cher, mais où l'on est bousculé par
la cohue, tellement la foule irraisonnante, avec
ivresse, vient où l'on vient, parce qu'on y vient!

De la terrasse de l'hôtel on découvre la baie.
En prenant mon café, je cherchais à me représenter ce délicieux endroit avant que la mode y
ait amené le tourbillon du monde élégant : le
bassin était solitaire alors, seule la petite ville
basque, tranquille, se souriait finement dans
l'eau, les montagnes vertes descendaient doucement vers le rivage, amollissant de douceur la
sauvagerie des rocs sur lesquels l'Océan se brise
avec un fracas écumant. Cela devait être alors
un des plus beaux coins de la terre.

La route serpente ensuite le long de la côte,
tantôt à l'intérieur des terres, tantôt avec de
beaux aperçus de l'Océan dont les grandes vagues
sont bordées de franges blanches. Le chemin n'a
plus sa sévère solitude des contrées désertiques;
sans cesse sillonné d'équipages et d'autos, il est
bourdonnant dans un perpétuel nuage de poussière.

Irun, puis la petite rivière de la *Bidassoa*
qui marque la frontière entre l'Espagne et la
France. On longe un instant ses bords de verdure
et l'on passe à côté de la fameuse petite *île*
historique *des Faisans,* au milieu de laquelle un

monument commémore tant de cérémonies importantes des relations franco-espagnoles (1).

Béhobie est le village frontière : douane espagnole. C'est là que je fus encore une fois longuement pétri entre les mains calleuses de l'administration rapace et que j'eus la douleur de me voir retenir le montant des droits sur l'un de mes bandages de rechange qui, mort en cours de route, avait reçu sa sépulture en terre espagnole et dont il m'aurait fallu traîner le cadavre après moi pour avoir droit au remboursement.

Nous franchîmes le pont international sur la Bidassoa au bout duquel la silhouette connue d'un gendarme français nous annonça la patrie retrouvée, puis la douane française, et nous roulions sur le sol de France.

Saint-Jean-de-Luz, au fond d'une jolie baie, nous a paru être une ville gaie et agréable. C'est

---

(1) L'*Ile des Faisans*, ou *île de la Conférence*, est territoire neutre au milieu du lit de la Bidassoa entre la France et l'Espagne. Elle a servi de théâtre aux événéments historiques suivants : en 1464 entrevue de Louis XI, roi de France, et de Henri IV, roi de Castille ; en 1526 adieux de François Iᵉʳ à ses fils qui le remplaçaient en captivité ; en 1615 fiançailles d'Anne d'Autriche avec Louis XIII, roi de France, et d'Isabelle de France avec Philippe IV, roi d'Espagne ; en 1659 conclusion du traité des Pyrénées et fiançailles de Louis XIV, roi de France, avec Marie-Thérèse d'Espagne.

un lieu de séjour où l'on a une vue spendide sur l'Océan.

Les habitants de cette région ont un œil vif, une démarche hardie, un air fier qui font plaisir à voir ; ils ont une grande ressemblance avec les Espagnols des provinces que nous avons traversées ce matin, leurs frères de race, *basques* comme eux.

Après *Bidart* nous avons laissé à droite la grand'route de Bayonne car nous voulions voir Biarritz, située tout près sur la côte.

Biarritz est la grande plage à la mode, la rivale française de Saint-Sébastien. La plage espagnole doit sa vogue à la faveur royale, Biarritz est née de la prédilection de la cour française sous le second Empire. C'est ici une grande baie ouverte, une large plage aux vagues sans cesse renaissantes, la vue libre sur l'immensité.

Nous voulions coucher ici, mais l'affluence y étant encore plus grande qu'à Saint-Sébastien, il nous fut absolument impossible de trouver le moindre gîte. Nous parcourûmes longtemps les rues animées et la grande plage où s'ébattaient snobs et désœuvrés et lorsque nous nous remîmes en route, je n'eus pas un regret pour cette cité qui a poussé à la manière des champignons sous les effluves humides des embruns, mais où du moins les platras des hôtels, placés sur un rivage quelconque, n'ont pas eu le tort de déshonorer un chef-d'œuvre de la nature comme pour la plage espagnole.

Bayonne est tout près. Nous y arrivâmes à 7 heures du soir et descendîmes au *Grand Hôtel*, qui mérite tout au plus l'étiquette passable (1)

Cette ville est l'ancienne capitale des *Basques*. C'est un gentil petit port assis au bord de l'*Adour*, qui coule large et profond, à quelques kilomètres de son embouchure. Son site charmant, ses vieilles maisons, ses petites rues et son air espagnol la rendent très intéressante.

Les *Basques* sont un peuple curieux et énigmatique. Ce sont les descendants, conservés à peu près sans mélange, des habitants préhistoriques de l'Ibérie; leur origine est inconnue, leur langue, qui ne ressemble à aucune de celles qui se parlent en Europe, fait encore le désespoir des savants qui ne savent à quelle souche la rattacher. Ils se trouvent actuellement réunis dans un espace assez étroit, à cheval sur la frontière franco-espagnole et disséminés en France dans l'ancienne province de *Navarre*, en Espagne, dans les provinces de *Guipuzcoa*, de *Navarre*, d'*Alava* et de *Viscaye*. Dans leur langue bizarre,

____

(1) Vitoria — Bayonne : 167 kilomètres. — *Route* : excellente.

tellement bizarre que certains philologues y ont trouvé des ressemblances grammaticales avec le chinois, ils se dénomment *euskaldunac,* qui se traduit en français par *gens adroits.* Et en effet, à les voir proprement habillés de leur costume rouge et bleu, coquettement coiffés de leur traditionnel béret, petits, maigres, agiles et fiers, on a bien l'impression de gens adroits et courageux qui, tantôt par ruse, tantôt par bravoure et toujours par fierté, ont su se conserver eux-mêmes depuis les temps préhistoriques, dédaignant les mariages avec les autres populations, résistant en leurs inaccessibles montagnes à toutes les tentatives d'assimilation violente. Avec la marche victorieuse de la civilisation, leur petit peuple s'est trouvé noyé dans la masse des deux grands États voisins, ils furent obligés de reconnaître des suzerains, mais ils restèrent eux-mêmes, basques quand même. Une bonne moitié d'entre eux ne voulut supporter le joug et émigra en masse vers les contrées libres de l'Amérique, d'où, qui sait? leurs ancêtres préhistoriques étaient peut-être venus.

———————

Je n'abuserai pas plus longuement de la patience des lecteurs qui ont bien voulu me suivre jusqu'ici. Je les remercie pour l'attention qu'il m'ont prêtée. Si ma longue narration les a fatigués, je réclame humblement leur indulgence,

J'espère cependant qu'ils me sauront quelque gré de leur avoir fait connaître ce qu'on peut voir en Espagne dans un voyage en automobile, que les tableaux que j'ai placés sous leurs yeux ne leur auront pas déplu et que s'ils sont tentés, à mon exemple, de parcourir les routes de l'Ibérie, les renseignements que j'ai réunis dans cet ouvrage pourront leur être de quelque utilité.

Ah! les routes d'Espagne! Quel mal n'en a-t-on pas dit?

Je n'ai pu malheureusement les réhabiliter complètement, car il y a encore beaucoup à faire pour les adapter à la locomotion mécanique, mais j'espère que mon récit pourra, — pour sa faible part, — contribuer à détruire la légende qui les réprésente comme impraticables.

Je crois avoir montré qu'on peut fort bien faire un intéressant voyage en automobile en Espagne... mieux, dans toute l'Espagne, puisque nous en avons parcouru toutes les régions, du Nord au Midi, de l'Est à l'Ouest, sur les côtes de la Méditerranée comme sur les bords de l'Océan, au centre, dans les plaines et sur les montagnes!

Voici le résumé des observations que j'ai faites sur les routes espagnoles telles que je les retrouve sur mes notes de voyage.

Les routes royales d'Espagne sont toujours très larges, — généralement plus larges que celles de France, — et sont entretenues sur toute leur largeur, c'est-à-dire sans banquettes ou bas-côtés. On pourra faire remarquer que le prix du terrain étant moins élevé en Espagne qu'en France, nos voisins n'ont pas fait un sacrifice aussi élevé qu'on pourrait le croire pour ouvrir leurs principales artères ; le fait est exact, mais il n'en est pas moins vrai que le coût de construction au kilomètre est d'autant plus élevé que la voie est plus large, et de ce côté l'on ne peut nier que les Espagnols ont fait preuve d'un véritable luxe.

Les travaux d'aménagement ont été conçus et exécutés avec un souci de la perfection et une ampleur de vues qu'on est surpris de rencontrer dans ce pays, si arriéré cependant pour tant de choses.

En plaine la route est généralement rectiligne, les coudes brusques sont à peu près inconnus, les changements de direction sont à angle très obtus, tout paraît sacrifié à la ligne droite. Les déclivités inutiles sont soigneusement évitées, souvent au prix de travaux importants. Si une colline de faible importance se présente, une tranchée saigne les flancs de celle-ci et la route conserve son horizontale ou ne marque qu'une très faible pente. Un ravin survient-il? La route le franchit sur un remblai en palier. C'est en Espagne que j'ai vu les routes se rapprocher le plus des profils des chemins de fer. La voie *large, droite, plate,* telle est la caractéristique des routes d'Espagne dans les pays de plaine ou de moyen vallonnement.

En montagne les pentes sont souvent fort raides, les virages nombreux, mais ces derniers sont tracés avec un soin parfait, leur rayon est toujours aussi large que le permet la nature des lieux et l'on a fréquemment effectué d'importants travaux d'art pour rendre les tournants plus larges encore.

Les ponts sont bien faits. Sur certains points, très nombreux je dois le confesser, ils manquent encore, mais l'on voit que les Espagnols travaillent constamment à en construire et l'on peut prévoir que d'ici quelques années cette lacune aura totalement disparu.

Les caniveaux sont assez rares. J'ai constaté qu'on les remplaçait peu à peu par des ponceaux. Dans certaines provinces il y a encore de très dan gereux dos d'âne, mais sur ce point aussi l'effort d'amélioration s'exerce : on les supprime ou on les améliore.

Les bornes kilométriques existent sur presque toutes les routes royales (1) ; sur quelques-unes on remarque même des bornes hectométriques. Les poteaux indicateurs sont rares, je dois l'avouer ; ils sont généralement placés aux carrefours où il y en a le plus besoin et, en somme, avec une carte sous les yeux, on peut fort bien se tirer d'affaire. Le Royal Automobile Club d'Espagne commence à faire poser lui-même des poteaux indicateurs tant pour les distances que pour signaler les dangers : descentes rapides, tournants brusques, caniveaux, etc.

Depuis quelques années l'Espagne semble travailler avec acharnement à l'amélioration de ses routes principales. On saisit à chaque pas des traces de cet effort. Les vieilles routes espagnoles, tant de fois décrites et décriées avec juste raison, les vieilles routes espagnoles qu'on semble seules connaître en France, ont à peu près disparu. Sur quelques rares points... en Andalousie principalement... le vieux chemin des coches an-

---

(1) Je borne mes renseignements aux routes royales qui correspondent à nos routes nationales. Les chemins secondaires sont, eux, généralement fort mauvais en Espagne.

tiques se déroule encore dans toute son horreur. Ces points sont heureusement devenus fort rares, mais alors il faut se méfier et avancer très prudemment, car les obstacles surgissent à chaque pas.

Les principaux dangers de ces anciennes routes sont, non pas leur sol qui est généralement fort bon, mais les caniveaux invraisemblables, les dos d'ânes aux allures de collines, les virages brusques, les pentes effrayantes, et par-dessus tout les gués, où toute trace de chemin se perd dans l'eau ou dans le sable. Mais, je le répète, il reste fort peu de ce vieux réseau : sur 4 000 kilomètres que nous venons de parcourir, nous n'avons guère rencontré que 200 kilomètres de vieilles routes.

Si les grandes routes d'Espagne sont fort bien établies, on ne peut malheureusement en dire autant de leur entretien. Malgré que de nombreuses et élégantes maisons de cantonniers *(peones camineros)* se succèdent le long des routes royales, celles-ci apparaissent dans un état de délabrement qui fait peine à voir et qui jure avec leur construction grandiose.

Autour des grandes villes, et dans un rayon qui varie suivant l'importance de celles-ci, les routes présentent un aspect dont ne peut se faire une idée le voyageur qui ne les a vues de ses propres yeux (1). Barcelone, Valence et Séville et aussi Cordoue détiennent le record des routes épouvantables. Autour de ces villes l'automobile descend au-dessous du rang de la plus mauvaise charrette, tellement les trous et la poussière en réduisent l'allure et en rendent la marche inconfortable. Pour les trois premières ce sont la poussière l'été, l'hiver la boue et les trous profonds toujours qui font des routes quelque chose comme des *moyens de non-communication*, à tel point qu'un certain nombre d'attelages préfèrent circuler à travers champs plutôt que d'affronter le chaos innommable qui ment à son titre et à son but. Vous devez voir d'ici la figure que fait une automobile ou, mieux, ses passagers là dedans ! Pour Cordoue c'est autre chose : sur les routes de *la Campina* point de poussière ni de boue... des cailloux aigus en couches épaisses, un empierrage éternel !

Dans les provinces les plus sèches, notamment sur les bords de la Méditerranée, la poussière atteint parfois des hauteurs invraisemblables (2)

---

(1) Il faut compter de 20 à 60 kilomètres de routes défoncées par le charroi autour de chaque grande ville.

(2) J'ai mesuré jusqu'à 40 centimètres de poussière sur la route de Murcie à Lorca.

et devient une véritable gêne tant pour la rapidité de la marche que pour les poumons des voyageurs.

Sur les plateaux du centre de l'Espagne les cailloux, que n'a pu fixer au sol un arrosage absent, se promènent librement sur le chemin au grand détriment des pneumatiques.

Si toutefois l'on fait la balance, — en exceptant les parties que je viens d'énumérer on trouve une très réelle majorité de routes passables, bonnes et excellentes, — on arrive à une moyenne de qualité très présentable et ne justifiant nullement l'idée que nous nous faisons en France des routes espagnoles. Nous généralisons trop volontiers, nous Français, et pour quelques parties de routes vraiment mauvaises qu'on rencontre en Espagne, nous avons légèrement conclu que toutes les voies de communication de ce pays étaient impraticables.

Ceux qui ont parlé de l'Espagne jusqu'ici nous ont dépeint les anciennes routes, — aujourd'hui disparues, — s'ils sont venus au temps antique des diligences, ou s'ils ont visité ce pays depuis l'époque des chemins de fer, ils n'ont pu se faire une idée des routes que par le peu qu'ils en ont parcouru autour des grandes villes, c'est-à-dire là où elles sont toujours mauvaises, les plus mauvaises! La conclusion résultant de leurs récits était facile à tirer : l'Espagne possède les routes les plus mauvaises du monde. C'est en visitant ce pays en automobile qu'on peut se rendre compte de la parfaite fausseté de cette idée. Je serais bien heureux d'avoir pu contribuer à faire rendre aux routes espagnoles la justice qui leur est due. A ceux qui les calomnient, l'automobile aura répondu en les faisant connaître sous leur véritable jour, en les montrant suffisamment adaptées à la locomotion nouvelle. Je souhaite que cette connaissance puisse déterminer un véritable mouvement de tourisme vers ce pays si capable d'exciter la curiosité, ce pays qui renferme tant de merveilles de la nature et des hommes !

Touristes, allez visiter l'Espagne! Vous ne regretterez ni votre temps ni vos peines.

Heureux touristes qui partirez pour le pays au ciel d'azur, vous aurez devant vous d'adorables journées de joie et d'admiration!

Vous contemplerez les monuments uniques de la civilisation arabo-espagnole, qui fut à son heure à la tête de toutes les autres, qui brilla d'un incomparable éclat et à laquelle la nôtre doit tant de choses.

Curieusement aussi vous étudierez les monuments des autres civilisations qui se partagèrent les temps de la Péninsule. Ces pierres vous feront suivre pas à pas les luttes formidables qui constituent l'histoire de cet État.

Vous verrez ce pays et ses habitants si différents du nôtre et de nous-mêmes. Vous admirerez ce ciel si blanc et cette mer si bleue et ces nuits profondes d'étoiles et de rêve!

Vous irez de la curiosité à l'étonnement, de l'étonnement à l'admiration, de l'admiration à l'enthousiasme et vous reviendrez enchantés et ravis, mais regrettant d'avoir attendu si longtemps pour voir ce pays que nous ignorons trop, nous Français, et qui possède tant de choses capables d'intéresser notre âme de latins.

Les émotions fortes que vous aurez éprouvées, les spectacles merveilleux que vous aurez admirés laisseront en vous un impérissable souvenir.

Par ce milieu de septembre nous traversâmes toute la France pour regagner notre foyer. Le brouillard obscurcissait le ciel et noyait l'auto dans un voile opaque lorsque rapidement nous roulions dans les sauvages forêts du massif Central.

Il y avait plus d'un mois que nous étions partis joyeux et avides de grand air! Mélancoliques dès lors, à la fin du voyage, nous regrettions notre belle liberté d'errants... mais au delà de la brume des froides montagnes nos yeux voyaient toujours luire le soleil d'or d'Andalousie!

Lyon, le 23 mars 1908.

INDEX ALPHABÉTIQUE

PARIS

TYPOGRAPHIE PLON-NOURRIT ET Cie

RUE GARANCIÈRE, 8

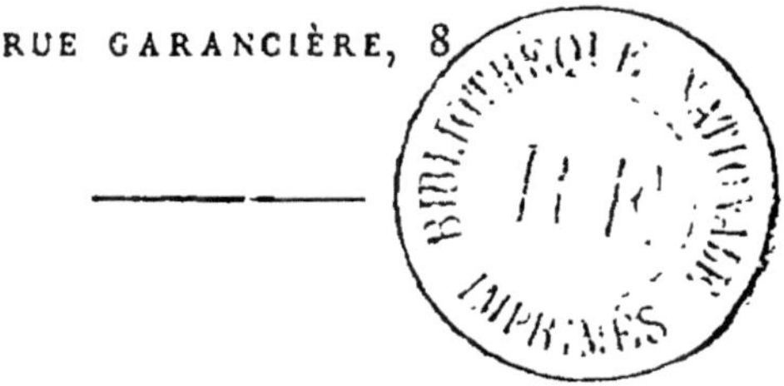

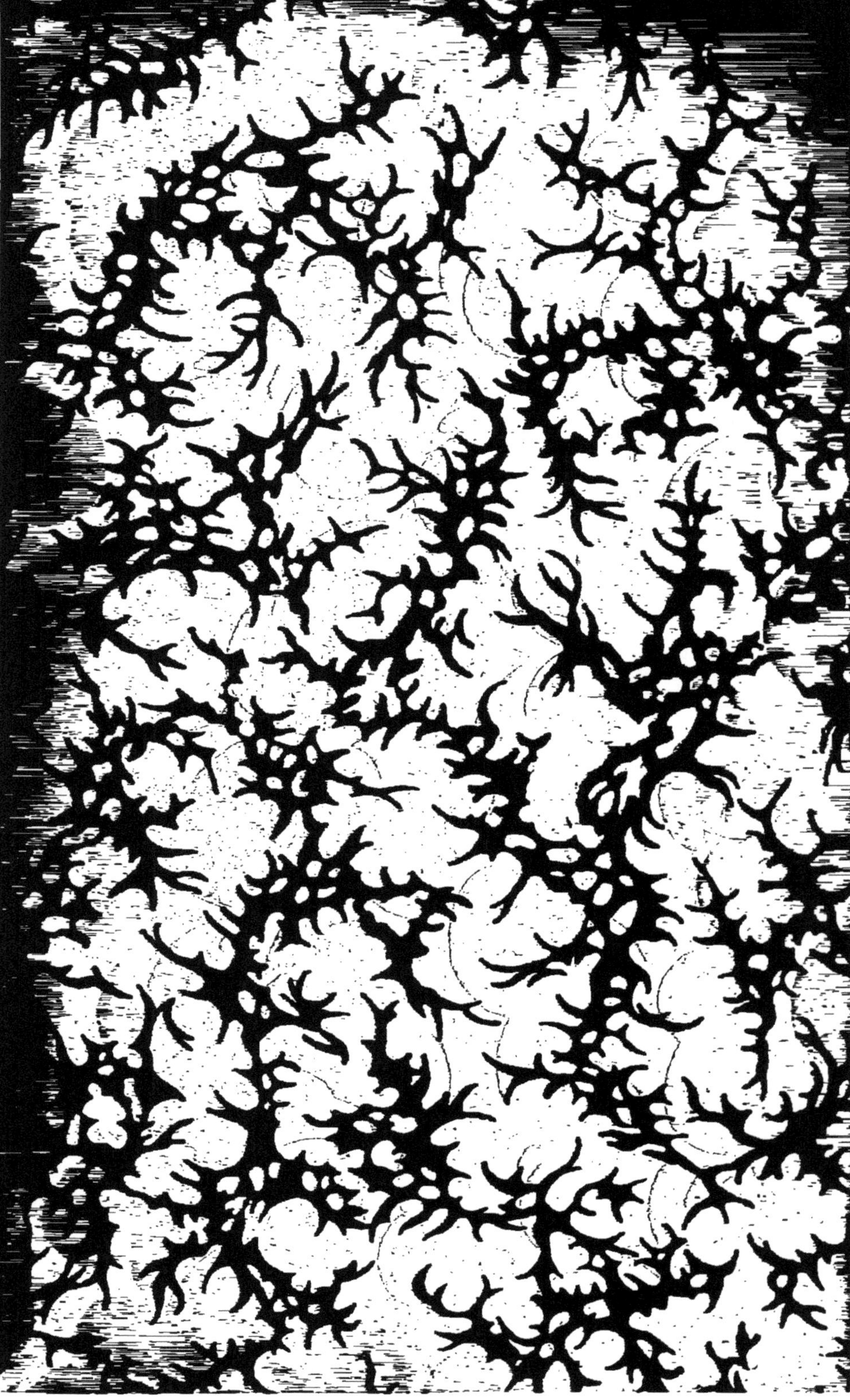